有氧舞蹈

全民健身项目指导用书

翟茁均◎主编

U0783090

吉林出版集团股份有限公司　全国百佳图书出版单位

图书在版编目（CIP）数据

有氧舞蹈 / 翟茁均主编. -- 2版. -- 长春：吉林
出版集团股份有限公司, 2010.2（2024.8 重印）
　全民健身项目指导用书
　ISBN 978-7-5463-2396-1

　Ⅰ. ①有… Ⅱ. ①翟… Ⅲ. ①舞蹈－基本知识②健美
操－基本知识 Ⅳ. ①J7②G831.3

中国版本图书馆 CIP 数据核字(2010)第 028394 号

全民健身项目指导用书

有氧舞蹈

YOUYANG WUDAO

主　　编　翟茁均
责任编辑　关锡汉
封面设计　吕宜昌
开　　本　650mm×960mm　1/16
印　　张　8
字　　数　60 千
版　　次　2010 年 2 月第 2 版
印　　次　2024 年 8 月第 4 次印刷
出版发行　吉林出版集团股份有限公司
地　　址　吉林省长春市福祉大路 5788 号
邮　　编　130000
电　　话　0431-81629968
电子邮箱　11915286@qq.com
印　　刷　三河市金兆印刷装订有限公司
书　　号　ISBN 978-7-5463-2396-1　定　价　39.80 元

序言

　　自 1995 年我国政府推出《全民健身计划纲要》以来，我国群众性体育活动蓬勃发展，取得了显著的成绩。2008 年，举世瞩目的北京奥运会的成功举办，极大地激发了亿万人民群众的体育热情，增强了全社会的体育意识，营造了浓厚的全民健身氛围。面对这样的可喜局面，群众体育科研、教学工作者应义不容辞地为社会实践服务，从不同角度思考，如何使普通百姓通过简而易行的身体锻炼方式、方法和手段达到良好的健身效果，达到拥有健康的目标，从而享受生活、享受快乐人生。该书系就是在这样的思想指导下诞生的。

　　本书系能够顺应国家体育的大政方针，掌握时代脉搏，对指导大众健身，使大众掌握健身方法和手段有很好的促进作用。

　　本书系图文并茂，实用性强，分为球类运动、体操健身运动、传统武术、冰雪运动、水上运动、体育舞蹈、休闲运动、格斗运动、民间体育活动和极限运动等十大类项目，计 100 分册，按照统一的体例，力争有所创新。每册的具体内容为该项目的起源与发展、运动保健、基本技术、运动技巧、比赛规则等，使读者在学习过程中，不仅能够学会运动健身的方法，同时还能够学到保健方面的基本知识。

　　经国务院批准，自 2009 年起，将每年的 8 月 8 日定为"全民健身日"。《全民健身项目指导用书》的出版，必将为开展全民健身活动起到积极的推动和指导作用。

目录 CONTENTS

第一章 概述

第一节 起源与发展/002

第二节 场地和装备/003

第二章 运动保健

第一节 自我身体评价/008

第二节 运动价值/012

第三节 运动保护/017

目录 CONTENTS

第三章 基本技术

第一节　基本术语/028
第二节　基本动作/034
第三节　基本步法 062

第四章 成套动作

第一节　大众有氧舞蹈 /084
第二节　表演性有氧舞蹈 /106

第一章 概述

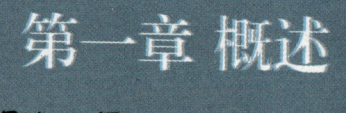

　　有氧舞蹈是在有氧运动的基础上发展起来的。它将有氧健身与舞蹈、音乐有机结合，增加了健身运动的娱乐趣味性。因此，自有氧舞蹈兴起，就很快在世界各地流行起来。

第一节

起源与发展

有氧舞蹈起源于美国。它将有氧健身与舞蹈及音乐有机结合，姿态优美，节奏感强，增加了健身运动的娱乐趣味性，因此深受广大青年健身爱好者的喜爱。

起源

最早提出有氧运动概念的是美国太空总署医生肯尼思·库珀博士。他经过多年的探索研究，创造了闻名世界的"有氧运动法"。肯尼思·库珀指出，有氧运动能够通过耐力运动来改善血液循环系统和呼吸系统，提高心肺功能，使全身各个组织和器官都得到良好的氧气和营养供给，维持最佳的功能状态。

1971年肯尼思·库珀成立了一家集医疗、科研和健身俱乐部于一体的有氧运动中心。在全世界流行的"12分钟跑体能测验"、"有氧运动得分制"等都是由他提出的，人们称他为"有氧运动"之父。

20世纪70年代末80年代初，美国女星简·方达在有氧运动中融入了更多的舞蹈动作，并推出了首张有氧舞蹈录像带，一时间风靡美国，从此掀起了有氧舞蹈的运动风潮。

发展

有氧舞蹈根据动作、音乐的不同特点，分为拉丁、方克、街舞等多种舞蹈形式。人们可以根据年龄、喜好的不同自由选择，灵活性较大，因此，深受人们的欢迎。

传播

随着参与有氧舞蹈运动人群的不断增加，有氧舞蹈的内容也不断地演变和改进，甚至将各个单项健身运动的特有动作融入有氧舞蹈中,使其动作更加自由多变,音乐与舞蹈的结合更加紧密,具有更强的艺术性、观赏性和趣味性。现在,有氧舞蹈已成为最流行的室内有氧运动之一。

发展趋势

有氧舞蹈不但能够愉悦身心,缓解压力,还可以达到健身、健美的目的。随着我国经济的持续发展,人民生活水平的不断提高,健康已成为人们追求高质量生活最关心的问题,尤其是在《全民健身计划纲要》实施以来,越来越多的人参与到健身运动中,而有氧舞蹈以其独特的魅力,已发展成为全民健身运动中不可缺少的组成部分。

第二节
场地和装备

有氧舞蹈对场地和装备的要求并不高,但是高质量的场地是运动顺利开展的前提,而良好的装备则是练习者发挥较高技术水平的必要保证。

场地

一般情况下,有氧舞蹈可以在普通场地上进行,但是高水平的训练则应该在健身馆中进行,以保证练习者动作的舒展,避免运动损伤的发生。

普通场地

规格

普通场地的选择较为灵活,平坦、干净的水泥地,混凝土地和沥青地都可以。

要　求

场地应空旷、通风。

健身馆　见图1-2-1

规　格

健身馆应保持干净，地面最好铺有专业地板。

设　施

健身馆一定要有镜子，这样练习者可以在镜前练习，及时纠正自己的错误动作。表现力较好的练习者可以在镜前一边练习一边欣赏自己优美的动作。

要　求

(1)健身馆的光线必须充足，通风良好；

(2)地面应经常打扫并保持整洁。

图1-2-1

练习有氧舞蹈时最好穿宽松、舒适的运动衣裤和运动鞋，这样既有利于增强动作的表现力与美感，又可避免不必要的运动损伤。

 **服装** 见图1-2-2

款式

　　服装应随季节的变化而调整。夏天炎热，宜穿T恤、大短裤；冬天寒冷，要注意服装的保暖，最好在练习的前半段穿较厚的运动外套练习，感觉身体发热后，再换穿健身服。

※ **要求**

　　（1）有氧舞蹈练习的运动量较大，练习者的体温升高较快，排汗量较大，服装应选择吸汗效果好的面料；

　　（2）有氧舞蹈的动作幅度较大，服装应宽松、舒适；

　　（3）参加正规比赛，服装应统一，自然大方。

图1-2-2

 **鞋** 见图1-2-3

　　鞋最好选用板鞋、篮球鞋，如果没有，也可以用底部较软的运动鞋代替。

图1-2-3

第二章 运动保健

　　体育运动对增强体质、预防疾病和促进健康具有良好的作用。但是，并非所有人从事相同的运动都会达到同样的效果。对于同一种运动负荷，不同人机体的反应差异是很大的，即使同一个体，在不同时期、不同机能状态下，对同一负荷的反应及效果也是不一样的。因此，对于不同个体，应制定适合其机能需要的运动强度、时间、频率和持续周期。从事体育锻炼一定要讲究科学性，使机体最大限度地获得运动价值，使某些疾病得到有效的防治。

第一节

自我身体评价

自我身体评价是指根据个体的不同情况以及简单的功能评定标准，对锻炼者进行身体评价，并以此为依据，确定具体的锻炼内容。

适宜人群

体适能是全身适应性的一部分，是人体精神和体力对现代生活的适应能力。为了促进健康，预防疾病，提高生活质量和工作学习效率，几乎所有人都可以追求健康体适能，而且经过简单的评价和测试，均可以成为目标人群，即适宜人群。

健康体适能评价标准

健康体适能是指身体有足够的活力和精力处理日常事务，而不会感到过度疲劳，并且还有足够的精力去享受休闲活动和应对突发事件。

健康体适能是确定锻炼者是否为运动适宜人群的主要依据。目前的评价标准主要包括国民体质测定标准、学生体质测定标准和普通人群体育锻炼标准等。

国民体质测定标准主要包括形态指标、机能指标和素质指标 3 个部分，各项指标的测定结果均为 1~5 分，共 5 个级别。凡各项指标达不到 4 分或 5 分者，均应被纳入健身人群。

学生体质测定标准分为优秀、良好、及格和不及格 4 个级别。优秀水平以下者，均应被纳入健身人群。

普通人群体育锻炼标准分为 5 个级别，凡达不到 4 分或 5 分者，均应被纳入健身人群。

简易运动功能评定

简易运动功能评定的目的在于确定锻炼者有无运动禁忌症或临时运动禁忌的情况，即是否适合参加体育锻炼，以达到防备万一、避免意外事故发生的目的。目前通行的方式为 3 分钟踏台阶测试。

目的

测试锻炼者运动后心率恢复的情况，以评估其心肺功能。

器材 见图 2-1-1

30 厘米高的长凳、节拍器、秒表和时钟。

图 2-1-1

步骤 见表 2-1-1

（1）节拍器设定为每分钟 96 次，锻炼者依"上上下下"的节拍运动 3 分钟。

（2）锻炼者完成 3 分钟踏台阶后，5 秒钟内开始测量其脉搏，时间为 1 分钟，记录其心率，并依据下表评价其功能水平。

（3）运动后心率越低，证明其心肺功能越好。在运动强度允许的范围内，锻炼者可选择运动强度的较高值来进行运动。

 表 2-1-1　3 分钟踏台阶测试评价表

	年龄(岁)	欠佳(次)	尚可(次)	一般(次)	良好(次)	优异(次)
男士	18~25	>115	105~114	98~104	89~97	<88
	26~35	>117	107~116	98~106	89~97	<88
	36~45	>119	112~118	103~111	95~102	<94
	46~55	>122	116~121	104~115	97~103	<96
	56~65	>119	112~118	102~111	98~101	<97
	65+	>120	114~119	103~113	96~102	<95
女士	18~25	>125	117~124	107~116	98~106	<97
	26~35	>128	119~127	111~118	98~110	<97
	36~45	>128	118~127	110~117	102~109	<101
	46~55	>127	121~126	114~120	103~113	<102
	56~65	>128	118~127	112~117	104~111	<103
	65+	>128	122~127	115~121	101~114	<100

如锻炼者经过努力仍无法达标，或出现头晕、胸闷、出冷汗等症状，应立即终止测试。运动中应特别考虑运动强度，以防止出现意外。

锻炼目标

锻炼目标应根据锻炼者不同的身体状况来确定，可分为近期目标和远期目标。此外，确定锻炼目标还应结合锻炼者的运动意向、愿望、兴趣，以及本人的健康状况、疾病程度等因素来进行。

近期目标

近期目标是指锻炼者近期应达到的目标。在进行运动之前，应首先明确锻炼目标，即近期目标。选择一两个健康体适能构成要素，作为未来两个月内努力完成的目标，而且应从成功概率较高的构成要素开始，并将预期两个月后要达到的目标做上记号，如提高某个或某些关节的活动幅度，增强某个肌肉群的力量等。

远期目标

远期目标是指锻炼者最终要达到的目标。实践证明，经过科学合理的锻炼后，锻炼者是可以达到一般的远期目标的，如提高心肺功能，使其达到优秀的等级，或达到降血脂、防治高血压和冠心病的目的等。

运动负荷

运动负荷即运动量。怎样控制运动量，合适的运动时间是多少等，一直是人们争论不休的问题。但有一点是可以肯定的，那就是任何有关身体活动的意见和建议，都需要综合考虑锻炼者的身体状况和所要达到的目标，并以此为依据来制订科学的身体锻炼计划。

运动强度

在运动过程中，运动强度过小，则无法达到锻炼的效果；运动强度过大，不仅达不到最佳的锻炼效果，还可能产生一些副作用，甚至出现意外事故。确定运动强度有两种方法，即心率简易推测法和主观感觉疲劳分级表推测法。

心率简易推测法

（1）年龄在 20 岁左右的年轻人，身体健康，能坚持体育锻炼，欲进一步提高身体机能，可取最大心率值（最大心率值＝220－年龄）的 65%～85%。

（2）年龄在 45 岁以下，身体基本健康，有运动习惯者，开始进行健身锻炼，可取最大心率值的 65%～80%，没有运动习惯者，开始进行健身锻炼，可取最大心率值的 60%～75%。

（3）年龄在 45 岁以上，身体基本健康，有运动习惯者，开始进行健身锻炼，可取最大心率值的 60%～75%，没有运动习惯者，建议根据自身情况咨询专业人员来指导和确定运动强度。

主观感觉疲劳分级表推测法   见表 2-1-2

运动的疲劳程度大致分为 10 级，具体为：0～1 级，没感觉；2～3 级，尚轻松；4～5 级，稍累；6～7 级，累；8～9 级，很累；10 级，精疲力竭。因此，健身锻炼的运动强度应控制在主观感觉疲劳程度的 4～7 级。

表 2-1-2   主观感觉疲劳分级表

0 没感觉		2 尚轻松		4 稍累		6 累		8 很累		10 精疲力竭
.		.		.		.		.		

运动频率

运动频率是指每日及每周锻炼的次数。一般每周锻炼 3～4 次，即隔日锻炼 1 次即可。有充足的休息时间，可使机体得到充分的休息，收到更好的锻炼效果。

运动持续时间

运动强度和运动持续时间，决定了一次锻炼的运动量和热量消耗。运动持续时间与运动强度成反比，运动强度大，运动持续时间可相应缩短，运动强度小，则运动持续时间应相应延长。

一般的健身锻炼，运动持续时间以每天 20～60 分钟为宜，其中包括准备活动时间、健身锻炼时间和整理活动时间。每次健身锻炼应在 20 分钟以上，锻炼可一次性完成，也可分段进行，但每段的活动时间应在 10 分钟以上。

第二节

运动价值

运动价值是人们一直在探讨的问题。一般认为，运动具有两方面的价值，即健身价值和心理价值。身体和精神的健康是相互依存的，伴随着身体功能的改善，精神状况也能同时得到改善。

健身价值 ◆◆◆◆◆◆◆◆◆

健身价值在于提高体适能。体适能包括心肺耐力素质、肌肉力量素质、柔韧性素质和身体成分等。体适能的发展是积极从事锻炼的结果，只有规律性的体育锻炼才能达到最佳的体适能。

提高心肺耐力素质

心肺耐力是指全身肌肉进行长时间运动的持久能力，是体内心肺系统对身体各细胞的供氧能力。人体的心脏、肺、血管、血液等组织的功能是心肺耐力的基础，它们与氧气和营养物质的输送以及代谢物的清除有关。健全的心肺功能是健康的基本保证。

系统的体育锻炼，可以使心肌增厚，收缩力加强，心室容积增大，从而使心脏的泵血功能增强，表现为心血输出量增加。

系统的体育锻炼，呼吸系统机能也将得到提高，表现为呼吸肌的力量增强，肺活量、肺通气量明显增加，保证对机体供氧的能力。

系统的体育锻炼，可以促进血管系统的形态、机能和调节能力产生良好的适应力，从而提高机体的工作能力。

系统的体育锻炼，可以使血液系统产生某些适应性变化，如血容量增加、血黏度下降、红细胞膜弹性增强和红细胞变形能力增强等。

提高肌肉力量素质

肌肉力量是指肌肉最大收缩产生的对抗阻力或负荷的能力。肌肉力量只有达到一定的程度，才能克服外界阻力，而克服外界阻力是维持日常生活自理、从事各种劳动和运动的必要前提。

系统的体育锻炼，可以提高肌肉的生理横断面积，可以改善神经系统对肌肉收缩的支配功能，还可以提高肌肉内代谢物质的储备量，使肌肉力量得到提高。

提高柔韧性素质

柔韧性是指人体各关节的活动幅度，即关节的肌肉、肌腱和韧带等软组织的伸展能力。柔韧性对于保证正常生活质量、维持正常体态、预防损伤发生和减轻损伤程度等方面均起到至关重要的作用。

系统的体育锻炼，还可以延缓因年龄因素而导致的柔韧性下降，预防因缺乏运动而导致的关节结构、周围软组织和膝关节肌肉退化，从而使锻炼者的日常生活、劳动和运动等更加充满活力。

改善身体成分

身体成分是指人体体重中的脂肪组织和去脂组织的重量百分比。身体成分中的脂肪成分增加，肌肉成分必然下降。身体中不具备收缩功能的脂肪组织增加，必然导致身体进行各种活动的能力下降，基础代谢水平降低，肥胖症、冠心病、高血压、糖尿病、高血脂等慢性疾病发病率的提高。因此，身体成分是保证人体健康的重要内容之一。

通过系统的体育锻炼，随着锻炼者体质的增强，热量消耗便随之增加，进而燃烧掉体内多余的脂肪，使身体成分得到改善。而身体成分的改善，又可以减少体重对关节可能带来的不利影响，还可以使肥胖者的心理状况得到改善，增强其自信心，使其逐步建立起健康的生活方式。

心理价值

研究证明，有规律的体育锻炼不但可以使锻炼者增强体质、促进身体健康、预防一些慢性疾病，还可以提高锻炼者的生活满意度和生活质量，对其心理健康产生积极影响。

体育锻炼的心理健康效应主要表现在六个方面：

改善情绪状态

 短期效应

研究发现，体育锻炼对人的情绪状态具有显著的短期效应。运动后人们的焦虑、抑郁、紧张和心理紊乱等症状会明显减轻，而精力和愉快程度则明显增强。而且这种情绪的迅速变化，与锻炼者个体的健康状况、活动形式和活动强度等有着直接的联系。

 长期效应

体育锻炼对人情绪的长期效应有着直接的影响，与不锻炼者相比，有规律的锻炼者在较长时期内很少会产生焦虑、抑郁、紧张和心理紊乱等情绪。

完善个性行为特征　见表 2-2-1

人们的行为特征一般可以分为两种类型，用 A 型行为特征和 B 型行为特征来表示。A 型行为特征主要表现为性情急躁、争强好胜、容易激动、整天忙碌和做事效率高等。B 型行为特征主要表现为不好竞争、不易紧张、不赶时间、对人随和、喜欢自由自在等。具有 A 型行为特征的人由于过度紧张的情绪反应，会引起内分泌失调，增加心脏病发病的概率。目前的一些研究主要集中在体育锻炼对改变 A 型行为特征的作用方面。研究结果表明，有规律的体育锻炼能明显改变 A 型行为特征。

表 2-2-1　A、B 型个性行为特征常见表现

A 型行为特征者常见表现	B 型行为特征者常见表现
约会从来不迟到	对约会很随便
竞争意识很强	竞争意识不强
别人要讲话时总爱抢先或插话	是别人讲话时很好的听众
总是匆匆忙忙	即使有压力也从不匆忙
等待时缺乏耐心	能够耐心等待
干事时全力以赴	处事漫不经心
同时想干很多事	在一段时间里只干一件事情
讲话喜欢用加强语气，甚至敲桌子	讲话语速缓慢、不慌不忙
做了好事希望能得到别人的认可	只要自己满意即可，不管别人怎样想
吃饭、走路都很快	做事情很慢
不善与人相处	为人随和
容易暴露自己的感情	能控制自己的感情
具有广泛的兴趣	没什么业余爱好
雄心壮志	满足于目前的工作和学习状况

运动价值

运动保健

确立良好自我概念

自我概念是指个体对自己身体、思想和情感的主观整体评价，它由许多自我认识组成，包括我是什么人、我主张什么和我喜欢什么等。

坚持体育锻炼，可以使锻炼者体格强健、精力充沛、提高驾驭身体的能力，从而改善对自身的满意程度，确立良好的自我概念。

改变睡眠模式

根据脑电图的显示，人的睡眠可以分为两种状态，即慢波睡眠状态和快波睡眠状态。前者为浅度睡眠状态，后者为深度睡眠状态。一夜之间两种睡眠状态会交替发生 4～5 次。

有规律的体育锻炼不仅对慢波睡眠有促进作用，而且能缩短入眠的潜伏期，并延长睡眠的时间。

改善认知能力

体育锻炼还能改善人的认知过程，避免反应时间过长、注意力不集中和思维混乱等症状的发生，尤其对老年人的认知能力改善效果更为明显。

增加心理治疗效应

体育锻炼被公认为是一种心理治疗的好方法。目前人群中常见的心理疾患是抑郁症和焦虑症。研究发现，体育锻炼是治疗抑郁症的有效手段之一，抑郁症患者经过有规律的体育锻炼，抑郁症状能明显减轻。

体育锻炼还具有治疗焦虑症的作用，通过有规律的体育锻炼，可以使锻炼者的焦虑症状明显改善。

第三节
运动保护

在运动过程中，人体机能会随时发生变化。因此，应针对这种机能变化的特点来进行体育锻炼，也就是我们所说的运动保护。运动保护一般包括运动前准备、运动后放松和自我养护三个方面。

 运动前准备 ◆◆◆◆◆◆◆◆

准备活动是指在正式运动之前进行的有目的的身体练习。做好充分的准备活动，可以缩短机体进入最佳状态的时间，同时还可以预防运动损伤的发生，为机体发挥最大的工作效率做好功能上的准备。

 准备活动的作用

提高中枢神经系统兴奋状态

(1)使大脑反应速度加快，参加活动的运动中枢神经相互协调。

(2)为正式运动时生理机能达到适宜程度提前做好准备。

提高机体代谢水平

(1)准备活动可以使锻炼者体温升高，降低肌肉黏滞性，使肌肉的伸展性、柔韧性和弹性增强，从而有效预防运动损伤的发生。

(2)准备活动可以增强体内代谢酶的活性，使物质代谢水平提高，以保证运动时有较充分的能量供应。

克服内脏器官生理惰性

(1)准备活动可以提高心血管系统和呼吸系统的机能水平，使肺通气量及心血输出量增加。

(2)可以使心肌和骨骼肌的毛细血管扩张，使其工作肌获得更多的氧，从而克服内脏器官的生理惰性，使之尽快达到最佳状态。

增加皮肤毛细血管血流量

准备活动可以使皮肤毛细血管的血流量增加，运动后毛细血管扩张，有利于散热，降低体温，有效防止开始正式活动时由于体温过高而影响运动能力。

准备活动要求

准备活动时间

（1）准备活动的时间可以根据运动项目的具体情况确定，一般以10～30分钟为宜。

（2）准备活动与正式运动的间隔时间，一般以不超过15分钟为宜，可以在做完准备活动后立刻进行正式运动。

准备活动强度

（1）准备活动的强度和量应较正式运动小，以免引起不必要的疲劳。

（2）准备活动的量可以由心率来决定，心率以100～120次／分为宜。

准备活动内容

一般性准备活动

一般性准备活动的内容多以伸展运动开始，然后进行一般性的跑步、徒手体操等活动。

下面介绍一套常用的一般性准备活动操，供锻炼者运动前使用。这套活动操主要包括头部运动、肩部运动、扩胸运动、体侧运动、体转运动、髋部运动和踢腿运动等。

图 2-3-1

头部运动

头部运动的动作方法（见图 2-3-1）：两手叉腰，两脚左右开立，做头部向前、向后、向左、向右，以及绕环运动。

肩部运动

肩部运动的动作方法（见图 2-3-2）：手扶肩部，屈臂向前、向后绕环，以及直臂绕环。

扩胸运动

扩胸运动的动作方法（见图 2-3-3）：屈臂向后振动及直臂向后振动。

体侧运动

体侧运动的动作方法（见图 2-3-4）：两脚左右开立，一手叉腰，另一臂上举，并随上体向对侧振动。

体转运动

体转运动的动作方法（见图 2-3-5）：两脚左右开立，两臂体前屈，身体向左、向右有节奏地扭转。

髋部运动

髋部运动的动作方法（见图 2-3-6）：两脚左右开立，两手叉腰，髋关节放松，向左、向右 360 度旋转。

图 2-3-2

图 2-3-3

运动保护

踢腿运动

　　踢腿运动的动作方法(见图 2-3-7)：两臂上举后振，同时一腿向后半步，重心置于前腿，两臂下摆后振，同时向前上方踢腿。

图 2-3-4 　　　　　　　图 2-3-5

图 2-3-6 　　　　　　　图 2-3-7

专门性准备活动

专门性准备活动的动作方法、节奏和强度等与正式锻炼相似，目的是使人体主要肌群在运动前得到动员，为正式锻炼做好准备。

运动后放松

运动后放松是指运动之后所进行的一些能够加速机体功能恢复的、较轻松的身体活动。与运动前准备活动相反，其目的是使锻炼者的生理机能水平逐步得到恢复。

放松方法

运动性手段

（1）运动结束后，锻炼者可采用变换运动部位的方法来消除疲劳，如上肢出现疲劳时可做一些慢跑运动，下肢出现疲劳时可做一些上肢运动。

（2）转换运动类型也是一种不错的放松方法，如打羽毛球出现疲劳时，可从事瑜伽运动来达到放松的目的。

（3）还可以用调整运动强度的方法来缓解疲劳，如可以在放松过程中，采用小强度的轻微运动方法等。

整理活动　见图2-3-8

（1）整理活动是指运动后所做的一些能够加速机体功能恢复的身体活动，如剧烈运动后进行3～5分钟慢跑或其他整理活动，使身体机能得以恢复。

（2）剧烈运动后如不做整理活动而骤然停止动作，会影响氧气的补充和静脉血的回流，使机体血压降低，引起不良反应。

图 2-3-8

注意事项

（1）在进行整理活动时动作应缓慢、放松，运动量不要过大，否则会引起新的疲劳。

（2）在进行整理活动时，应当保持心情舒畅、精神愉快。

自我养护

锻炼后，锻炼者感觉身体疲劳是一种正常的生理现象，是体育锻炼过程中的正常反应，随着体育锻炼时间的延长，疲劳症状会自然消失。运动性疲劳出现后，锻炼者如果采用一些自我养护措施，可以加速身体机能的恢复，尽快消除疲劳，提高锻炼效果。常见的自我养护方法主要包括运动后休息、合理营养和物理手段等三种。

运动后休息

静止性休息　见图 2-3-9

（1）静止性休息是指锻炼者运动后保持机体相对的静止状态，以促进身体机能的恢复，尽快消除疲劳。

（2）静止性休息的最佳方式之一是睡眠，特别是刚开始从事锻炼

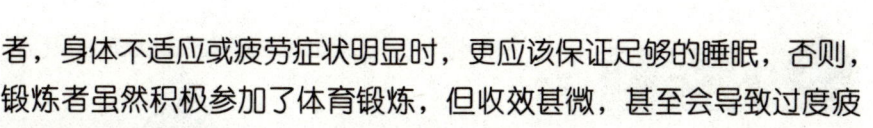

者，身体不适应或疲劳症状明显时，更应该保证足够的睡眠，否则，锻炼者虽然积极参加了体育锻炼，但收效甚微，甚至会导致过度疲劳症状的发生。

（3）静止性休息更适合于消除全身运动导致的整体疲劳症状。

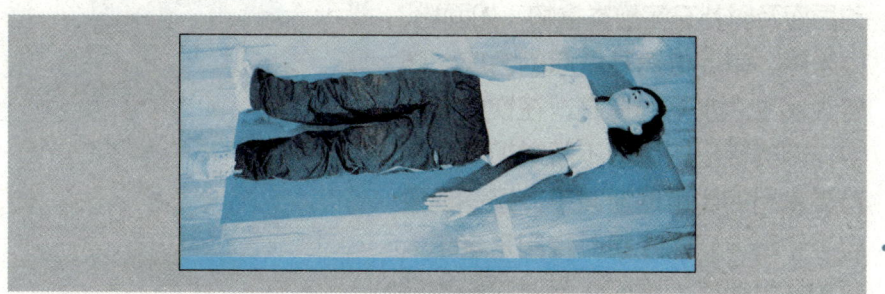

图 2—3—9

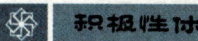 **积极性休息** 见图 2—3—10

（1）积极性休息更适合由于少量肌肉群参与工作而导致的局部疲劳，或运动强度较大而导致的快速疲劳。

（2）积极性休息可以加速血液循环，有利于代谢物排出体外，对促进身体机能的恢复具有明显的效果。

图 2—3—10

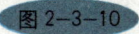

运动保护

 **合理营养** 见图 2-3-11

图 2-3-11

小强度、长时间的运动形式，主要是靠糖原的有氧代谢提供能量。运动后应及时补充淀粉类食物，如面粉、大米等，以促进消耗糖原的合成。随着人民生活水平的提高，在饮食结构中，肉类食品的比重不断增加，而淀粉类食品的比重逐渐减少，这一现象应当引起人们的注意，特别是老年人参加体育锻炼，更应注意对淀粉类食物的补充。

强度较大、时间又相对较长的运动形式，主要是靠糖原的无氧代谢提供能量。这样，糖原无氧代谢产物——乳酸便会在体内大量堆积。因此，运动后应多补充蔬菜、水果等碱性食品，以加速乳酸的清除，达到尽快消除疲劳的目的。

 物理手段

 按摩及牵拉 见图 2-3-12

(1)通过刺激神经末梢、皮肤结缔组织和毛细血管的按摩方法，可以使紧张的肌肉得以放松，从而改善局部组织和全身的血液循环，达到促进身体机能恢复的目的，这种方法可以在锻炼后马上进行。

(2)此外，还可以采取缓慢牵拉肌肉的方法，使收缩的肌肉得到充分的伸展放松。

水疗及电疗

(1)水疗包括芬兰式蒸汽浴、热水浴和桑拿浴等多种形式，主要作用是通过提高体温，促进血液循环，清除代谢物，以达到尽快消除疲劳、恢复体力的目的。

(2)水疗的时间一般以不超过 30 分钟为宜，如果时间过长，会进一步消耗体力，严重时甚至会出现暂时性脑缺血现象。

（3）如果条件允许，还可对疲劳的肌肉进行低频治疗。低频治疗仪的原理是模拟针灸疗法，使用时将电极用不干胶对称地粘贴在运动部位表皮上。这种疗法可以促进局部血液循环，改善组织代谢，缓解肌肉酸痛，消除疲劳。

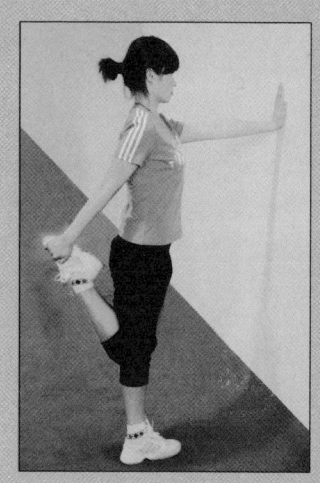

图 2-3-12

第三章 基本技术

　　基本技术是学习有氧舞蹈的基础，掌握好基本技术，可以提高练习者的身体素质，改善形体条件，培养和训练练习者的节奏感、律动感以及动作的协调性，调节肌肉的用力与放松，并在此基础上培养、传递出优雅的气质和良好的精神面貌。有氧舞蹈的基本技术包括基本术语、基本动作和基本步法等。

第一节

基本术语

　　基本术语是指,描述有氧舞蹈动作技术过程的专门用语和专有词汇。学习有氧舞蹈,应从了解有氧舞蹈的基本术语开始。有氧舞蹈的基本术语包括手形术语和方位术语等。

　　手形是手臂动作的延伸和表现,运用得好,会使有氧舞蹈动作更加丰富多彩、生动活泼,更具有感染力。手形术语包括并拢式、分开式、芭蕾手式、拳式、立掌式、西班牙舞手式、屈指掌式,一指式和响指等。

✿ 动作方法　见图3-1-1

　　五指伸直,相互并拢,拇指略屈,贴于食指旁。

✿ 技术要点

　　五指伸直,尽量夹紧。

✿ 错误纠正

　　练习时易出现拇指上翘等问题。因此,应对照镜子或在指导人员帮助下进行练习,体会动作要领。

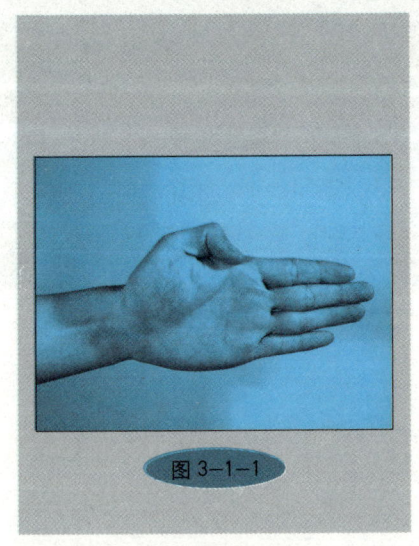

图 3-1-1

▼ 分开式

❋ 动作方法 见图 3-1-2

五指用力伸直张开。

❋ 技术要点

五指应充分张开。

❋ 错误纠正

练习时易出现五指松懈等问题。因此,应对照镜子或在指导人员帮助下进行练习,体会动作要领。

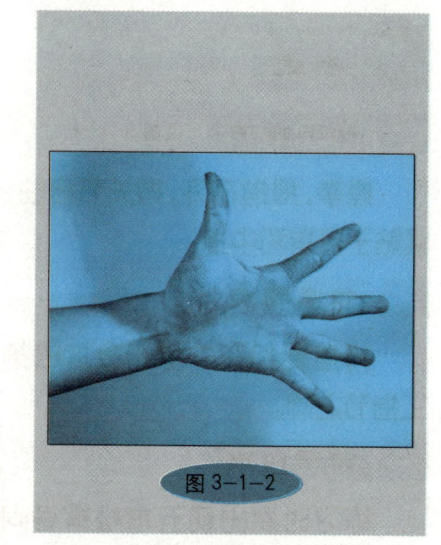

图 3-1-2

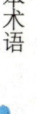

▼ 芭蕾手式

❋ 动作方法 见图 3-1-3

五指略屈,后三指并拢、略内收,拇指内扣。

❋ 技术要点

中指向下压。

❋ 错误纠正

练习时易出现五指松懈等问题。因此,应对照镜子或在指导人员帮助下进行练习,来体会动作要领。

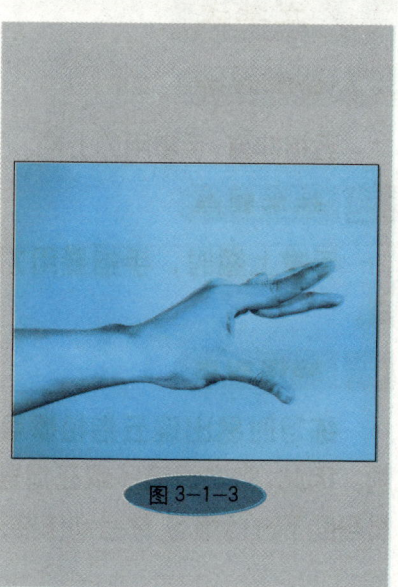

图 3-1-3

 拳式

动作方法　见图 3-1-4

握拳,拇指在外,指关节弯曲,紧贴于食指和中指。

技术要点

拇指要扣在中指和食指的第二指节之间。

错误纠正

练习时易出现五指松懈等问题。因此,应对照镜子或在指导人员帮助下进行练习,体会动作要领。

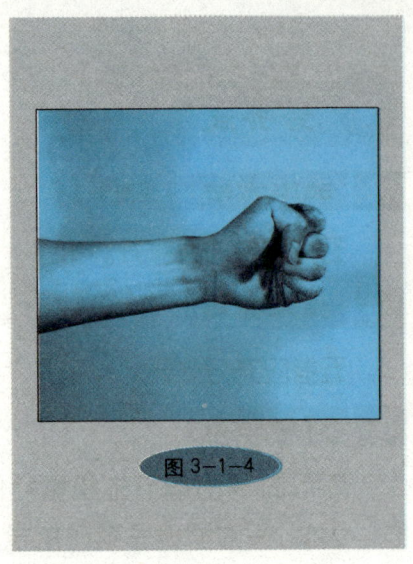

图 3-1-4

 立掌式

动作方法　见图 3-1-5

五指伸直,手掌用力上翘。

技术要点

手掌上翘时,手指要用力伸直。

错误纠正

练习时易出现五指松懈等问题。因此,应对照镜子或在指导人员帮助下进行练习,体会动作要领。

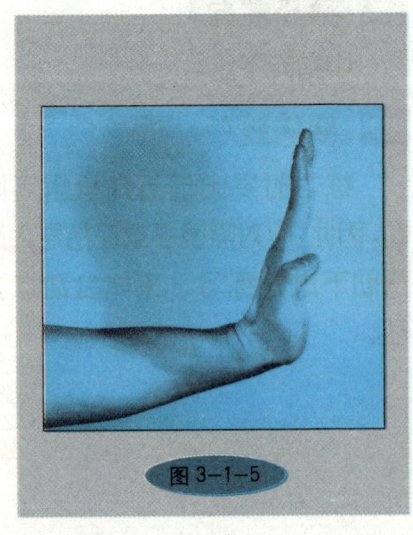

图 3-1-5

基本技术

西班牙舞手式

✿ **动作方法**　见图3-1-6

五指用力,小指、无名指、中指自掌指关节处依次屈,拇指略内扣。

✿ **技术要点**

拇指和小指要尽量靠在一起。

✿ **错误纠正**

练习时易出现五指松懈等问题。因此,应对照镜子或在指导人员帮助下进行练习,体会动作要领。

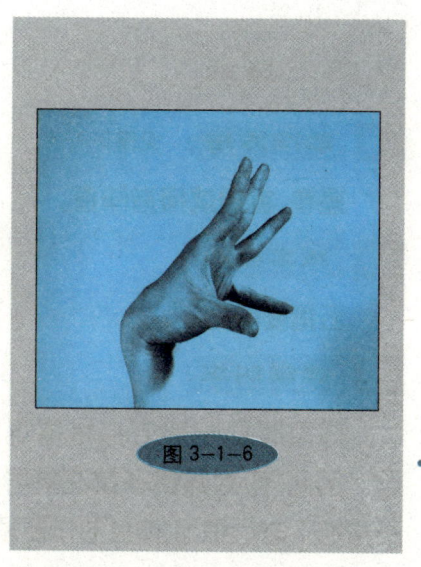

图3-1-6

屈指掌式

✿ **动作方法**　见图3-1-7

手掌用力上翘,五指用力弯曲。

✿ **技术要点**

手腕要充分立起。

✿ **错误纠正**

练习时易出现五指松懈等问题。因此,应对照镜子或在指导人员帮助下进行练习,体会动作要领。

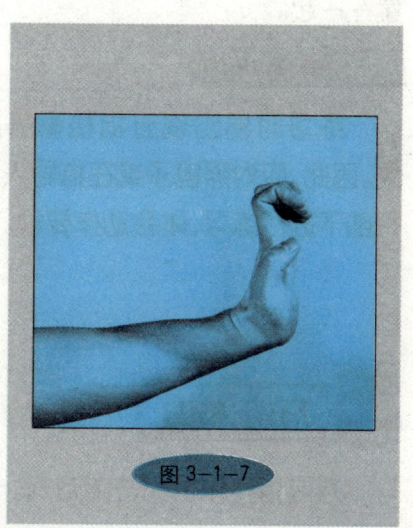

图3-1-7

 **一指式**

动作方法　见图3-1-8

握拳,食指或拇指伸直。

技术要点

五指要用力。

错误纠正

练习时易出现五指松懈等问题。因此,应对照镜子或在指导人员帮助下进行练习,体会动作要领。

 **响指**

动作方法　见图3-1-9

拇指与中指摩擦,与食指打响,无名指、小指呈屈指状态。

技术要点

拇指、食指、中指要把力量聚集在一起。

错误纠正

练习时易出现五指松懈等问题。因此,应对照镜子或在指导人员帮助下进行练习,体会动作要领。

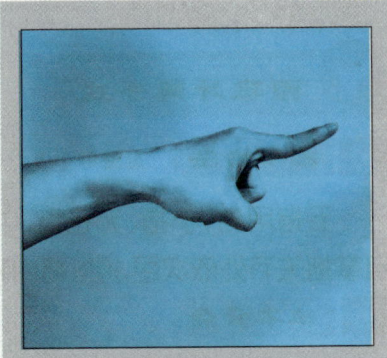

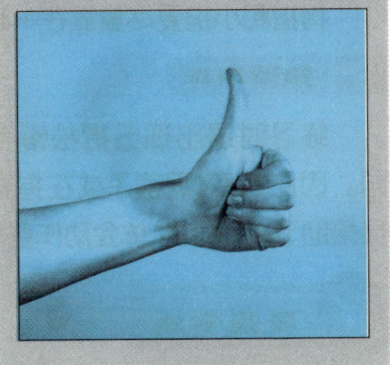

图3-1-8

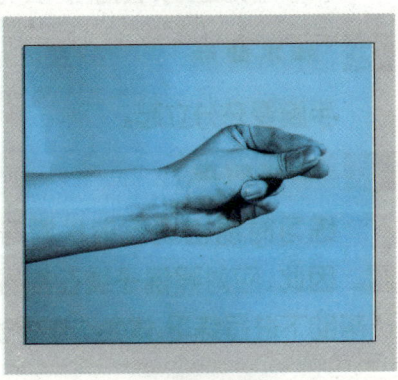

图3-1-9

 **方位术语**　◆◆◆◆◆◆◆◆

方位指身体各部位的方向。运动方向一般是根据人体直立时的基

基本技术

本方位来确定的。

指做动作时胸部所对的方向。

指做动作时背部所对的方向。

指做动作时肩侧所对的方向，必须指明左侧或右侧。

指头顶所对的方向。

指脚底所对的方向。

指两个基本方向之间 45 度的方向。

指转动过程与时针运动方向相同。

指转动过程与时针运动方向相反。

指肢体由两侧向身体正中方向的运动。

指肢体由身体正中向两侧方向的运动。

指不同肢体向同一方向运动。

指不同肢体向相反方向运动。

第二节

基本动作

　　通过基本动作练习，可以掌握正确的动作规格，使练习者尽快建立正确的动作技术概念。它是培养练习者良好身体姿态的有效方法。有氧舞蹈的基本动作包括头颈动作、肩部动作、胸部动作、上肢动作、腰部动作，髋部动作和下肢动作等。

 **头颈动作** ◆◆◆◆◆◆◆◆

　　头颈动作更多涉及面部表情，它是情感表达最重要、最直接的窗口。头部动作包括屈、转、绕，绕环和平移等。

屈

✳ **动作方法**　　见图3-2-1

　　头颈关节角度的弯曲，可以做前屈、后屈和左屈右屈。

技术要点

以颈椎为轴，做动作时注意肩部不要动。

错误纠正

练习时易出现动作节奏过快等问题。因此，应放慢速度，避免头颈部扭曲。

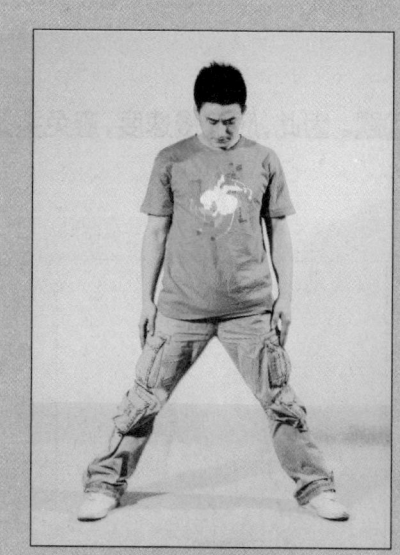

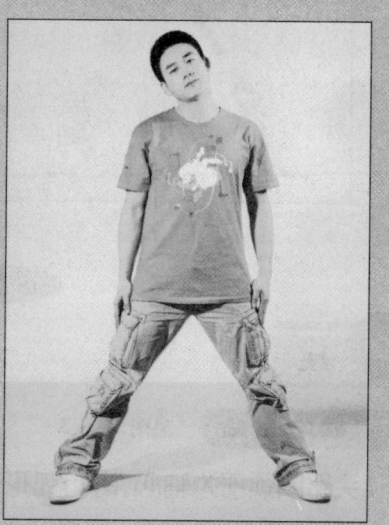

图 3-2-1

 转

动作方法　见图3-2-2

头颈部绕身体的垂直轴进行转动,可以做左转、右转。

技术要点

以颈椎为轴,做动作时注意肩部不要动。

错误纠正

练习时易出现动作节奏过快等问题。因此,应放慢速度,避免头颈部扭曲。

图3-2-2

 绕

动作方法　见图3-2-3

头部以颈部为轴心,进行弧形运动,可以做左、右绕。

技术要点

以颈椎为轴,做动作时注意肩部不要动。

练习时易出现动作节奏过快等问题。因此,应放慢速度,避免头颈部扭曲。

基本动作

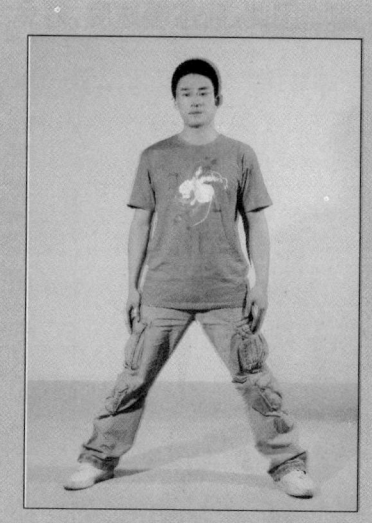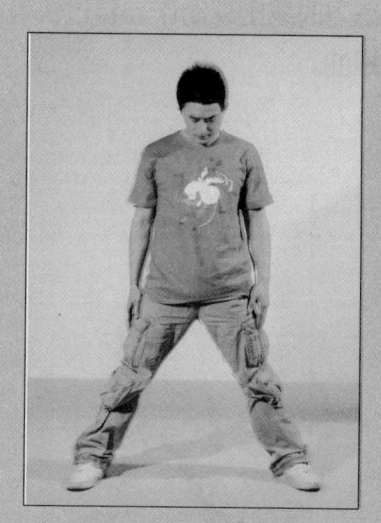

图 3-2-3

 绕环

 动作方法 见图 3-2-4

头部以颈部为轴心,进行圆周运动,可以做左、右绕环。

技术要点

以颈椎为轴，做动作时注意肩部不要动。

错误纠正

练习时易出现动作节奏过快等问题。因此，应放慢速度，避免头部颈部扭曲。

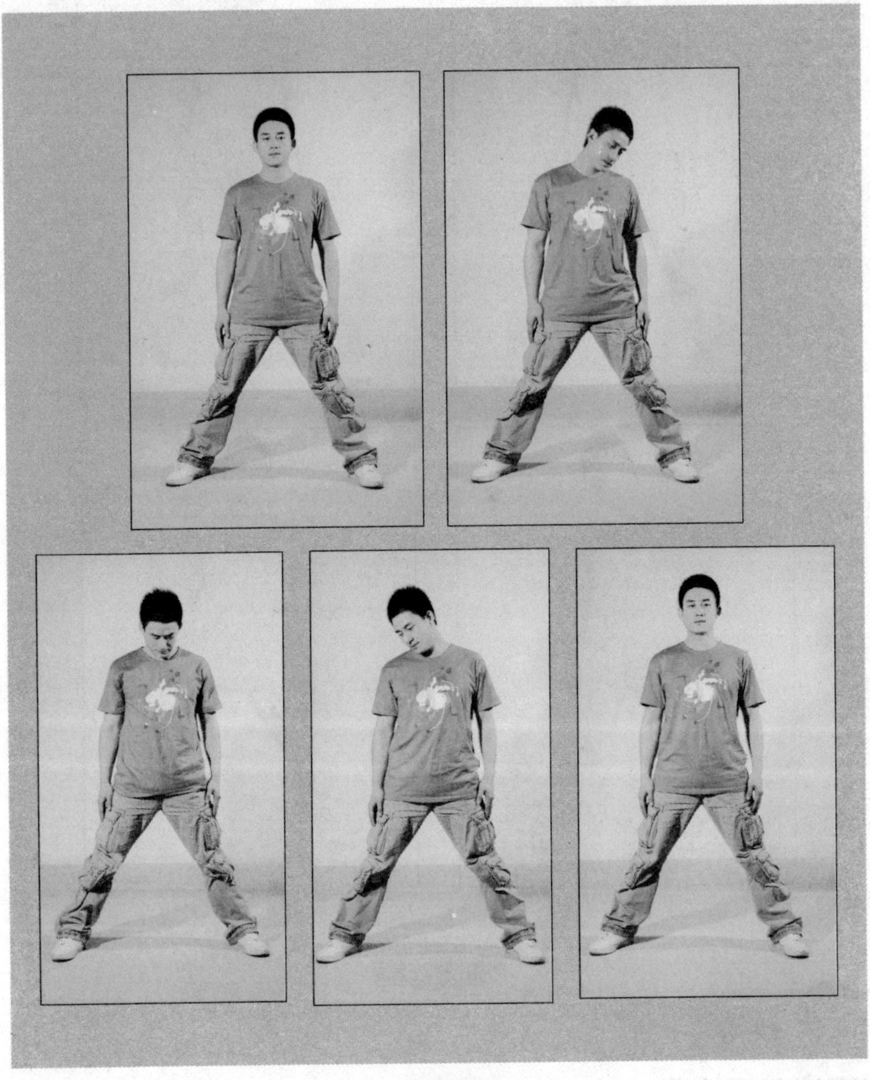

图 3-2-4

平移

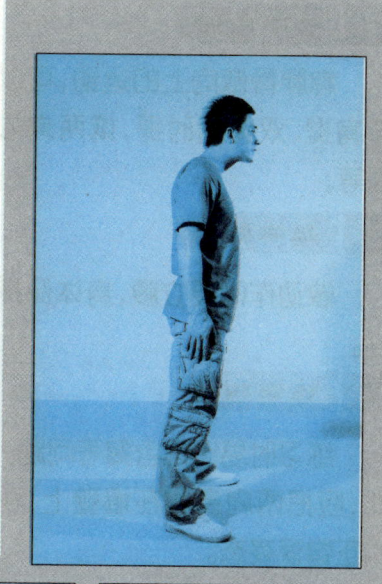

动作方法 见图3-2-5

头颈部相对于肩部横轴的前后或左右水平移动。

技术要点

以颈椎为轴,做动作时注意肩部不要动。

错误纠正

练习时易出现动作节奏过快等问题。因此,应放慢速度,避免头颈部扭曲。

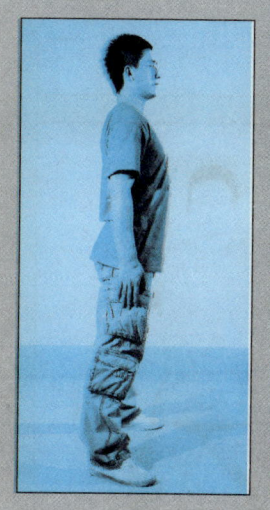
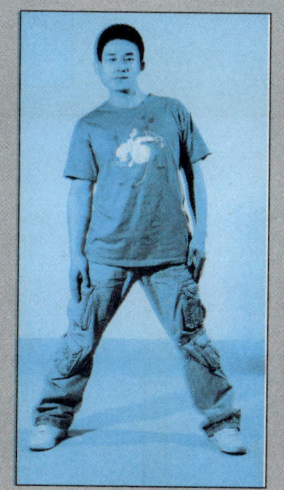

图3-2-5

肩部动作

有氧舞蹈中的大量舞姿、舞步、技巧等都离不开肩部的配合。肩部动作包括提肩、沉肩、绕肩和肩绕环等。

提肩

动作方法

见图 3-2-6

肩胛骨做向上的运动，可以做单肩提、双肩同时提，或两肩依次提等。

技术要点

做动作时要立腰，身体保持直立。

错误纠正

练习时易出现含胸等问题。因此，应把两肩背靠在墙壁上，帮助纠正错误姿态。

图 3-2-6

沉肩

见图 3-2-7

动作方法

肩胛骨做向下的运动,可以做单肩沉、双肩同时沉,或两肩依次沉。

技术要点

做动作时要立腰,身体保持直立。

错误纠正

练习时易出现含胸等问题。因此,应把两肩背靠在墙壁上,帮助纠正错误姿态。

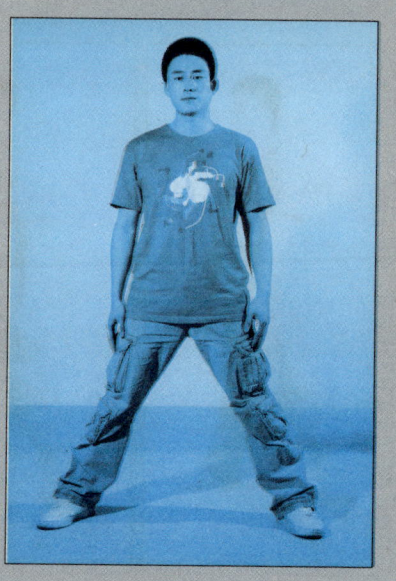

图 3-2-7

绕肩

 动作方法 见图3-2-8

以肩关节为轴，进行小于360度的弧形运动，可以做单肩前后绕、双肩同时或依次前后绕。

 技术要点

做动作时要立腰，身体保持直立。

错误纠正

练习时易出现含胸等问题。因此，可以把两肩背靠在墙壁上，帮助纠正错误姿态。

图3-2-8

肩绕环

动作方法 见图 3-2-9

以肩关节为轴，进行 360 度或 360 度以上的圆周运动，可以做单肩前后绕环，双肩同时或依次前后绕环。

技术要点

做动作时要立腰，身体保持直立。

错误纠正

练习时易出现含胸等问题。因此，应把两肩背靠在墙壁上，帮助纠正错误姿态。

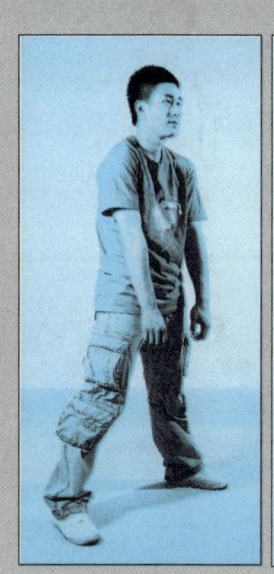

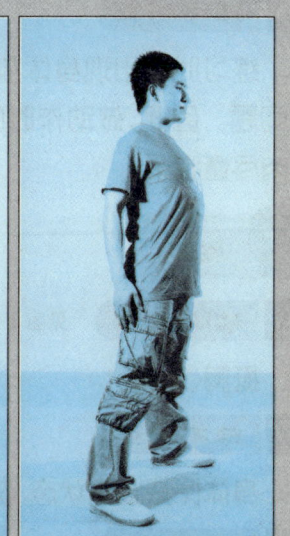

图 3-2-9

胸部动作

在某些风格性有氧舞蹈中，胸部动作的运用更显突出。胸部动作的形态、律动、风格等，可以成为一种强有力的、表现活跃情绪和激动情感的手段。有氧舞蹈的胸部动作包括含胸、展胸和移胸等。

 **含胸**

❀ **动作方法** 见图 3-2-10

两肩内合，胸廓内收。

❀ **技术要点**

身体保持紧张状态，收腹、立腰。

❀ **错误纠正**

练习时易出现身体放松、塌腰等问题。因此，做动作时应把全身肌肉尽量收紧。

 **展胸**

❀ **动作方法** 见图 3-2-11

挺胸、展肩。

❀ **技术要点**

身体保持紧张状态，收腹、立腰。

❀ **错误纠正**

练习时易出现身体放松、塌腰等问题。因此，做动作时应把全身肌肉尽量收紧。

图 3-2-10

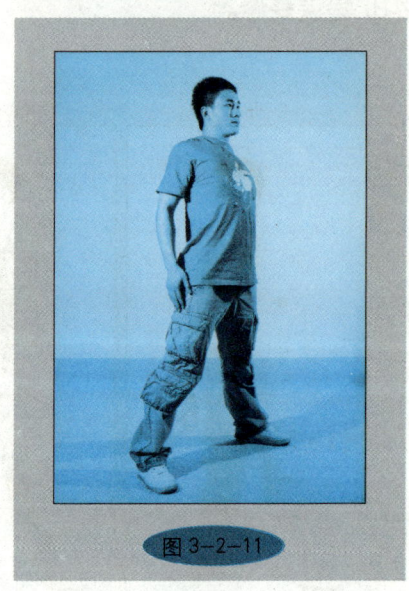

图 3-2-11

基本技术

 **移胸**

动作方法 见图 3-2-12

髋部固定,做胸部向左、右的水平移动。

技术要点

身体保持紧张状态,收腹、立腰。

错误纠正

练习时易出现身体放松、塌腰等问题。因此,做动作时应把全身肌肉尽量收紧。

图 3-2-12

 **上肢动作** ◆◆◆◆◆◆◆

有氧舞蹈中,伴随着音乐节奏,可以用丰富多彩的上肢动作及其变化,表现出千差万别的情态。有氧舞蹈的上肢动作包括举、屈、摆、绕、绕环、振和旋等。

 **举**

动作方法 见图 3-2-13

以肩关节为轴,手臂的活动范围不超过 180 度,而停止在某一部位的动作,可以做单臂或双臂的前、后、侧、侧上、侧下举等。

基
本
动
作

✦ **技术要点**

伸臂的位置要准确。

✦ **错误纠正**

练习时易出现屈臂、伸臂动作不到位等问题。因此,应对照镜子或在指导人员帮助下进行练习,体会动作要领。

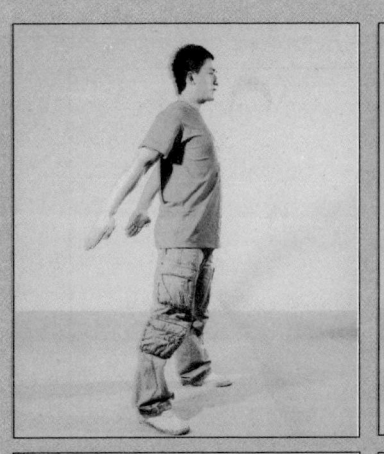

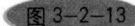

图 3-2-13

 屈

见图 3-2-14

动作方法

肘关节产生一定的弯曲角度，可以做胸前平屈、肩侧屈、肩上侧屈、肩下侧屈、腰间屈、头后屈等。

技术要点

伸臂的位置要准确。

错误纠正

练习时易出现伸臂动作不到位等问题。因此，应对照镜子或在指导人员帮助下进行练习，来体会动作要领。

图 3-2-14

基本动作

▼ 摆

动作方法 　见图 3-2-15

以肩关节带动手臂来完成的摆动动作。

技术要点

出臂的位置要准确。

错误纠正

练习时易出现不是由肩关节带动、甩臂等问题。因此,应对照镜子或在指导人员帮助下进行练习,体会动作要领。

图 3-2-15

▼ 绕

动作方法 　见图 3-2-16

以肩关节为轴,单臂或双臂向内、向外、向前、向后做 180 度以上,360 度以下的弧形运动。

技术要点

手臂摆动幅度要大于 180 度、小于 360 度。

错误纠正

练习时易出现动作幅度小,未能达到要求等问题。因此,应对照镜子或在指导人员帮助下进行练习,体会动作要领。

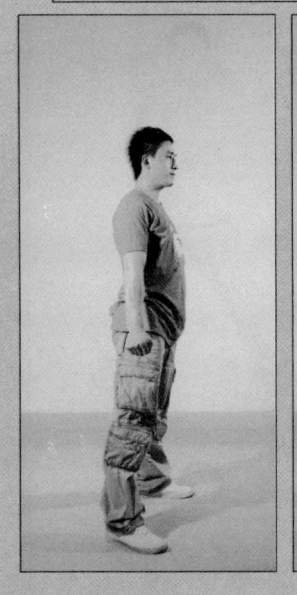

图 3-2-16

 绕环

动作方法 见图 3-2-17

以肩关节为轴，双臂或单臂向前、向后、向内、向外做 360 度或 360
度以上的圆周运动。

技术要点

手臂要摆动 360 度或 360 度以上。

错误纠正

练习时易出现动作幅度小,未能达到要求等问题。因此,应对照镜子或在指导人员帮助下进行练习,体会动作要领。

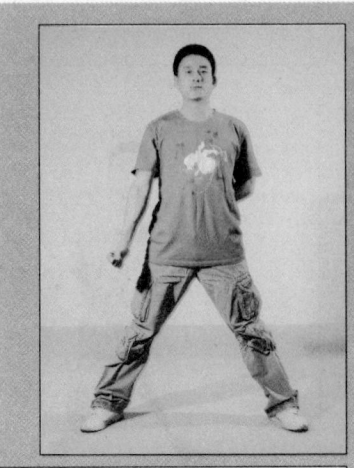

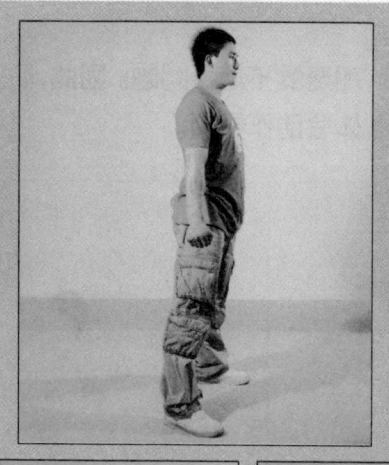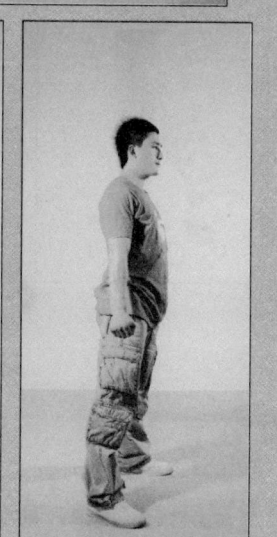

图 3-2-17

 振

动作方法 见图 3-2-18

以肩关节为轴，手臂用力向某个方向做最大幅度的加速摆动，可以做上举后振、下举后振、侧举后振等。

技术要点

手臂要摆动至最大幅度。

❋ 错误纠正

练习时易出现两臂摆动幅度小、加速度不足等问题。因此,应对照镜子或在指导人员帮助下进行练习,体会动作要领。

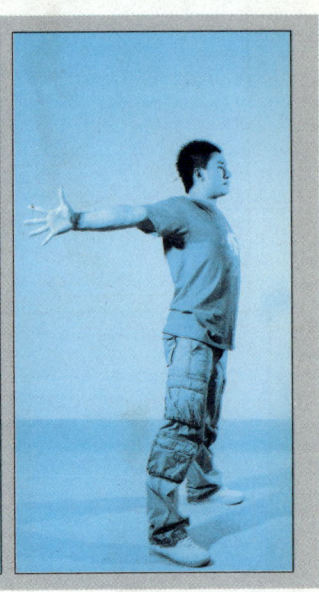

图 3-2-18

◢ 旋

❋ 动作方法 见图 3-2-19

以肩关节或肘关节为轴,手臂向内或向外翻转。

❋ 技术要点

手臂内旋、外旋动作要灵活。

❋ 错误纠正

练习时易出现手臂僵硬、动作不到位等问题。因此,应对照镜子或在指导人员帮助下进行练习,体会动作要领。

图 3—2—19

腰部是上身与下身的连接，是整个身体的"轴心"。在有氧舞蹈中，各种富有艺术魅力的线条、造型和曲线动作，其支点往往是经由腰部去实现的。腰部必须具有相当的柔韧度和力量，它是有氧舞蹈动作的核心部位。腰部动作包括屈和转等。

基本动作

 **屈**

动作方法 见图 3-2-20

下肢不动,上体沿矢状轴和水平轴运动,可以做腰部的前屈、后屈和左右侧屈等。

技术要点

身体始终处于紧张状态。

错误纠正

练习时易出现身体放松等问题。因此,应对照镜子或在指导人员帮助下进行练习,体会动作要领。

 **转**

动作方法 见图 3-2-21

下肢不动,上体沿垂直轴和水平轴扭转,可以做腰部的左转、右转。

技术要点

身体始终处于紧张状态。

错误纠正

练习时易出现身体放松等问题。因此,应对照镜子或在指导人员帮助下进行练习,体会动作要领。

图 3-2-20

图 3-2-21

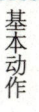

 髋部动作

在有氧舞蹈中,髋部起着绝对性的作用,髋关节技术的好坏,直接影响到有氧舞蹈动作的整体效果。髋部动作包括顶髋、提髋等。

 顶髋

动作方法 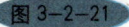 见图3-2-22

髋关节做急速的水平移动,可以做向左、向右、向前、向后顶髋。

技术要点

髋关节要灵活。

错误纠正

练习时易出现身体僵硬等问题。因此,应保持放松,可对照镜子

或在指导人员帮助下进行练习,体会动作要领。

图 3-2-22

 提髋

动作方法　见图 3-2-23

髋关节急速向身体一侧上提,可以做左、右提髋。

技术要点

髋关节要灵活。

错误纠正

练习时易出现身体僵硬等问题。因此,应保持放松,可对照镜子或在指导人员帮助下进行练习,体会动作要领。

下肢动作

有氧舞蹈中的优美舞姿、舞步，全身性的造型，以及跳跃、旋转的动作等，都离不开下肢的参与配合。有氧舞蹈的下肢动作包括踢、弹踢、跪、屈伸、内旋和外旋等。

 踢

动作方法 见图3-2-24

一条腿支撑，另一条腿由下方向各方向做加速摆动，可以做前踢、后踢、侧踢等。

技术要点

以髋关节为轴，腿部尽量放松。

错误纠正

练习时易出现腿部僵硬等问题。因此，练习前应多做一些甩腿动作，还可以对照镜子或在指导人员帮助下进行练习，体会动作要领。

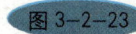
图3-2-23

弹踢

动作方法　　见图3-2-25

一条腿支撑，另一条腿屈膝抬起（大小腿呈90度），向各方向弹伸，可以做向前、向侧弹踢。

技术要点

以髋关节为轴，腿部尽量放松。

错误纠正

练习时易出现腿部僵硬等问题。因此，练习前应多做一些甩腿动作，还可以对照镜子或在指导人员帮助下进行练习，体会动作要领。

跪

动作方法　　见图3-2-26

（1）全跪时，两条腿屈膝跪地，大小腿折叠。

（2）半跪时，一条腿屈膝支撑，另一条腿跪地，大小腿呈夹角。

技术要点

挺胸、立腰，上体保持正直。

错误纠正

练习时易出现跪地姿势不正确、重心不稳等问题。因此，应对照

图3-2-24

镜子或在指导人员帮助下进行练习，体会动作要领。

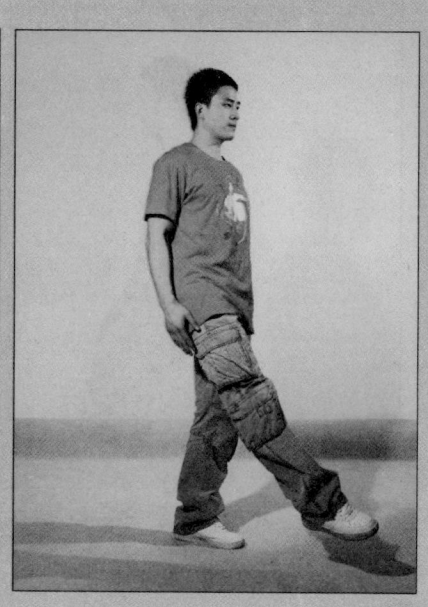

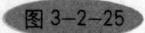
图 3-2-25

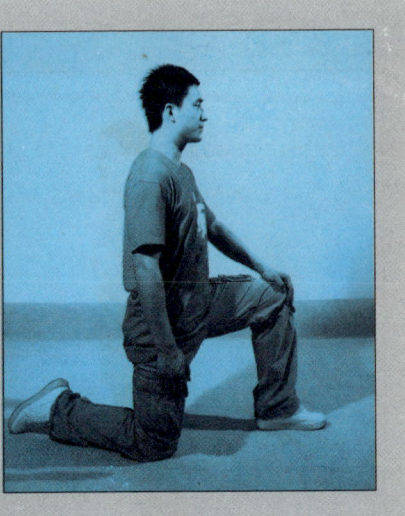

图 3—2—26

屈伸

动作方法 见图 3—2—27

膝关节由直变屈,再由屈伸直的动作,可以做两腿同时或依次的原地和移动屈伸。

技术要点

屈伸变换灵活。

错误纠正

练习时易出现屈伸转换慢、重心不稳等问题。因此,应对照镜子或在指导人员帮助下进行练习,体会动作要领。

内旋和外旋

动作方法　　见图 3-2-28

以髋关节和膝关节为轴，做腿部向内和向外的翻转动作，可以两腿同时或依次做内旋和外旋。

技术要点

腿部尽量放松，动作灵活。

错误纠正

练习时易出现腿部僵硬、动作不到位等问题。因此，练习前应多做一些甩腿动作，还可以对照镜子或在指导人员帮助下进行练习，体会动作要领。

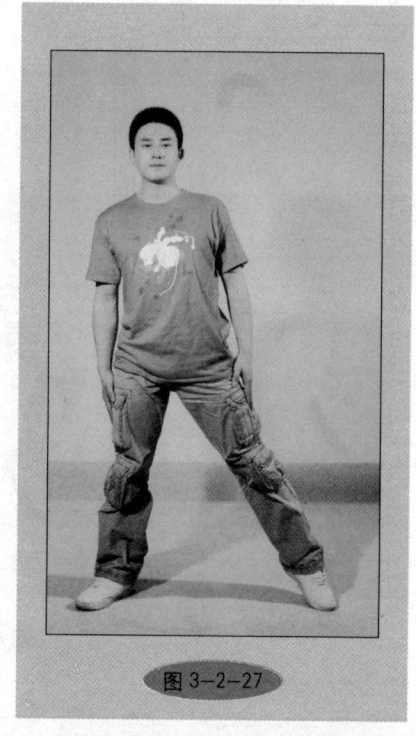

图 3-2-27

基本动作

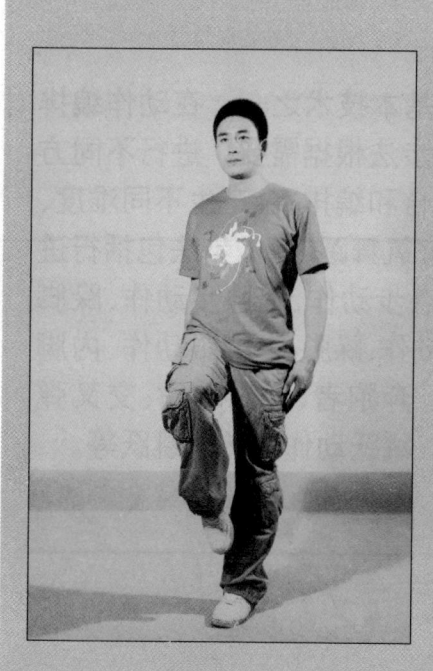

图 3—2—28

第三节

基本步法

　　基本步法是有氧舞蹈的基本技术之一，在动作编排中占有重要的地位。将基本步法根据需要，进行不同方位、不同强度、不同节奏的组合和编排，会产生不同难度、不同风格、不同视觉效果的有氧舞蹈。基本步法包括行进动作、跟步动作、滑步动作、点步动作、提膝步动作、踩脚动作、"V"字移步动作、拳击步动作、踩脚、内脚跟动作、内脚跟提起动作、三点敲击动作、奔跑者、踢球动作、交叉弹腿、跨步轴转动作、蝴蝶动作、跳跃动作和转体跳跃等。

行进动作

动作方法 见图 3-3-1

（1）左脚抬起，向体前落地，右脚继续向体前跟进。

（2）换右脚抬起，重复相同动作。

技术要点

向前行进时，身体要充分放松，重心跟随步伐转换。

错误纠正

练习时易出现身体过于僵硬等问题。因此，应保持身体充分放松。

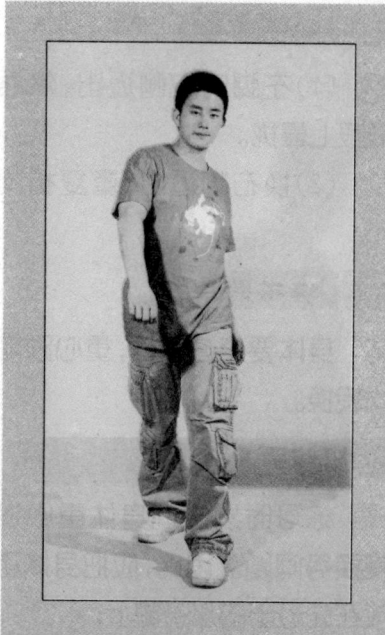

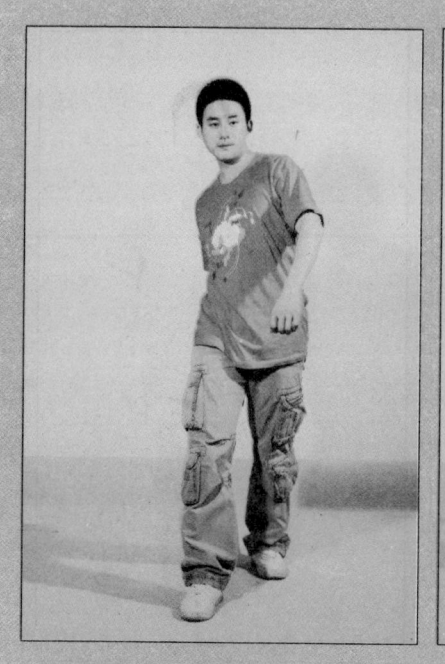

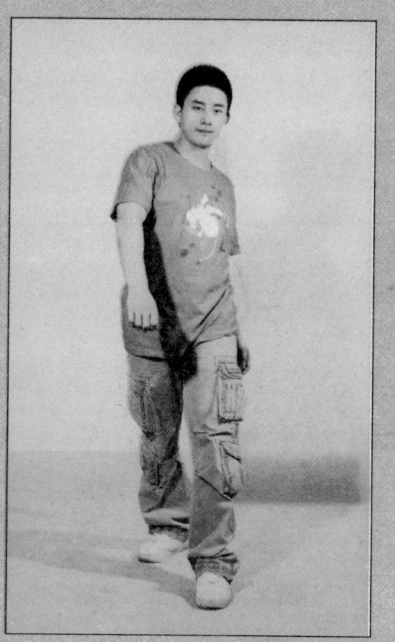

基本步法

 跟步动作

动作方法　见图 3-3-2

（1）左脚向左侧迈出，然后右脚跟上靠拢。

（2）换右脚迈出，重复相同动作。

技术要点

身体要充分放松，重心跟随步伐转换。

错误纠正

练习时易出现身体重心没有转换等问题。因此，应把身体重心放在先迈出的那条腿上。

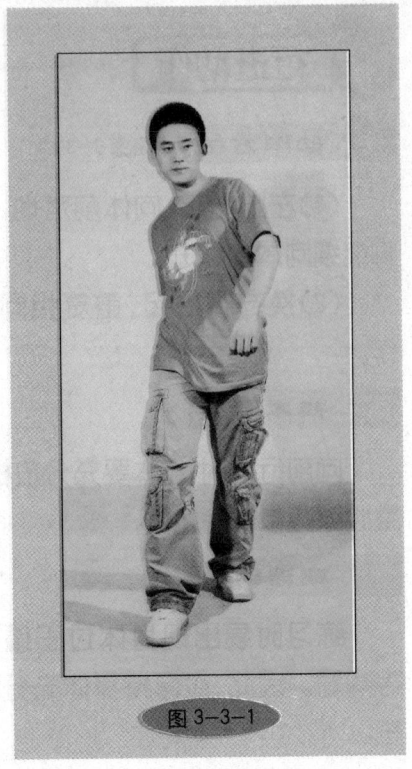

图 3-3-1

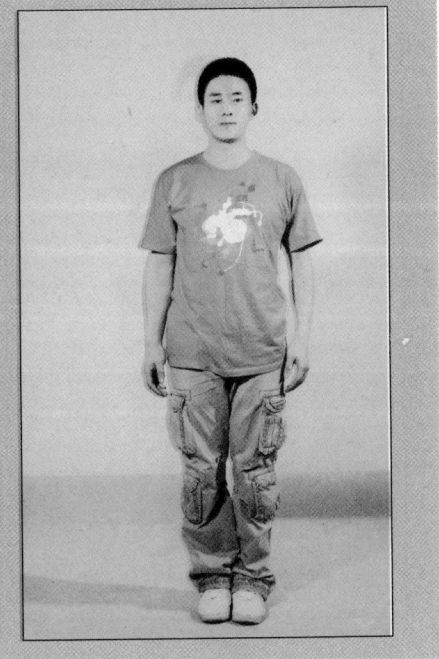

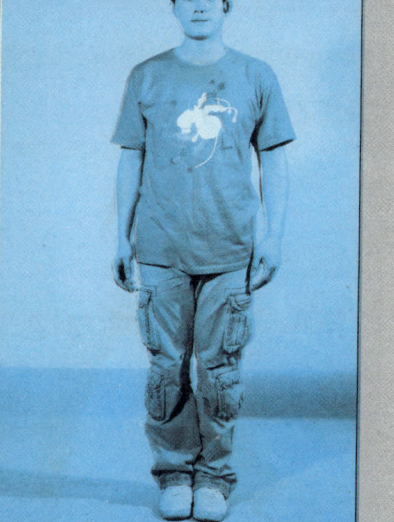

图 3-3-2

 滑步动作

动作方法 见图 3-3-3

（1）左脚向左侧滑出，然后右脚跟上靠拢。

（2）换右脚滑出，重复相同动作。

技术要点

身体滑出的幅度应大一些，重心跟随步伐转换。

错误纠正

练习时易出现身体重心没有转换等问题。因此，应把身体重心放在先迈出的那条腿上。

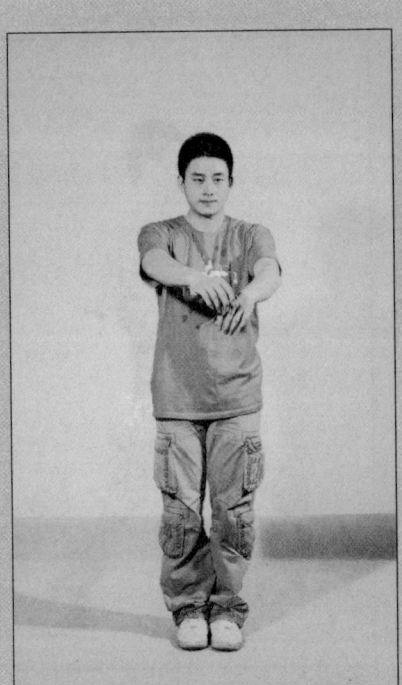

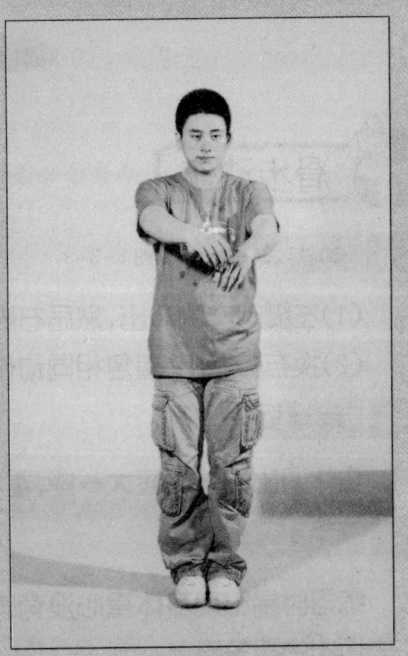

图 3-3-3

 点步动作 ◆◆◆◆◆◆◆◆

动作方法 见图 3-3-4

　　(1)左脚尖向左侧点地,然后收回至右脚旁。

　　(2)换右脚尖点地,重复相同动作。

技术要点

　　动作要完成得干净、利落。

错误纠正

　　练习时易出现上体后倾、重心不稳等问题。因此,应多加练习,体会动作要领,保持身体重心的稳定。

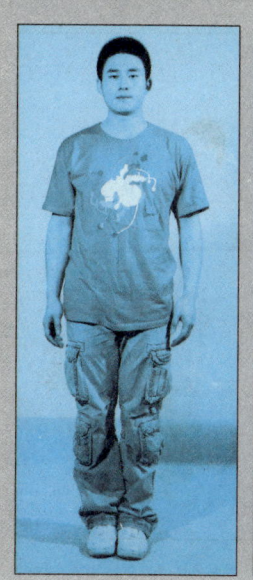  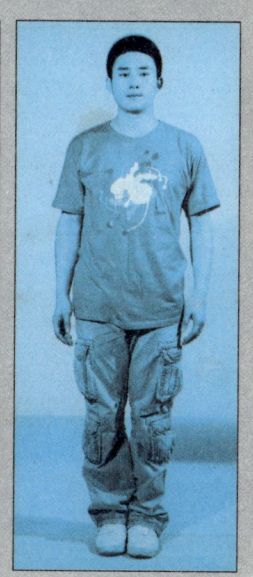

图 3-3-4

提膝步动作 ◆◆◆◆◆◆◆◆◆◆

动作方法　见图3-3-5

（1）左脚向左侧迈出，然后提起右膝。

（2）改变支撑腿，重复相同动作。

技术要点

上体保持挺拔。

错误纠正

练习时易出现上体后倾等问题。因此，应把膝盖尽量向斜上方抬起。

图3-3-5

跺脚动作

动作方法
见图 3-3-6

（1）左脚向上提起，脚跟高于支撑腿的膝盖位置后，再跺回地面。

（2）改变支撑腿，重复相同动作。

技术要点

（1）脚跟必须高于支撑腿的膝盖位置。

（2）强调向下"跺击"的力量。

错误纠正

练习时易出现跺击力量不够、重心不稳等问题。因此，应对照镜子多加练习，体会动作要领。

基本步法

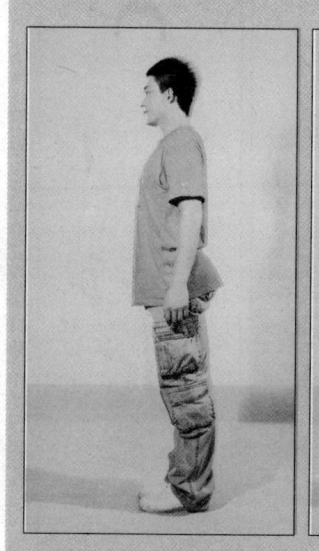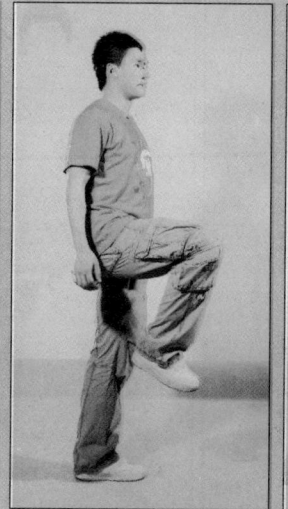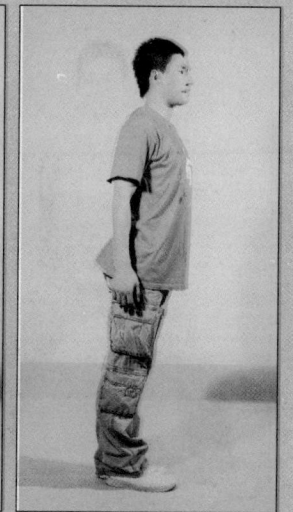

图 3-3-6

 "V"字移步动作

✦ 动作方法   见图3-3-7

左脚尽力向左前方迈出,右脚尽力向右前迈出,两脚呈一条直线,距离略比肩宽,两膝自然弯曲,左、右脚再依次退回开始位置。

✦ 技术要点

迈步时脚跟先落地,再过渡到全脚着地。

✦ 错误纠正

练习时易出现两腿不在一条直线上等问题。因此,应对照镜子多加练习,体会动作要领。

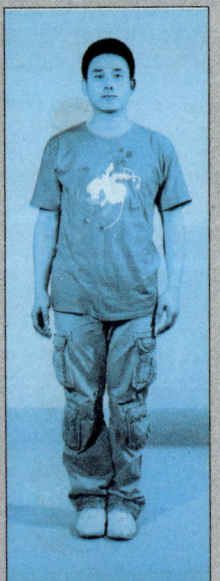

图3-3-7

拳击步动作

❋ 动作方法　见图3-3-8

右脚向体前迈出,左脚再迈出一步,在右脚前方与其交叉,右脚退回到开始位置,然后左脚退回开始位置。

❋ 技术要点

动作充分伸展,上体放松。

❋ 错误纠正

练习时易出现动作伸展不够充分、上体僵硬等问题。因此,应对照镜子多加练习,体会动作要领。

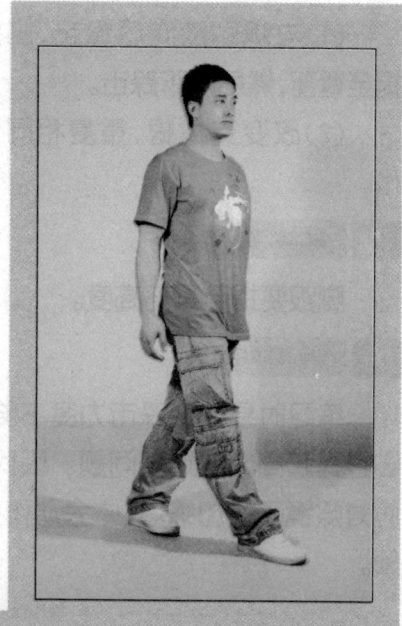

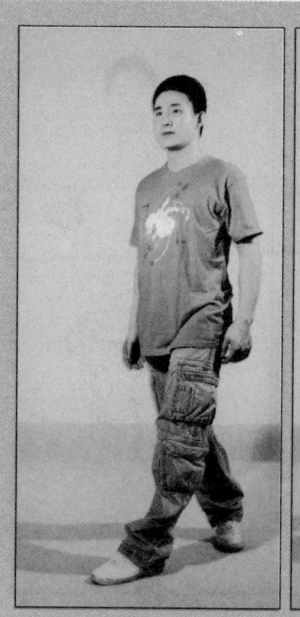

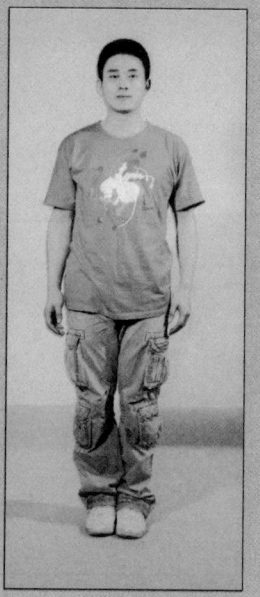

图3-3-8

 跺脚

动作方法　见图3-3-9

（1）左腿屈膝向后抬起，脚跟提至臀部，然后向下跺击。

（2）改变支撑腿，重复相同动作。

技术要点

脚跟要提至臀部高度。

错误纠正

练习时易出现跺击力度不够、脚跟提起高度不足等问题。因此，应对照镜子多加练习，体会动作要领。

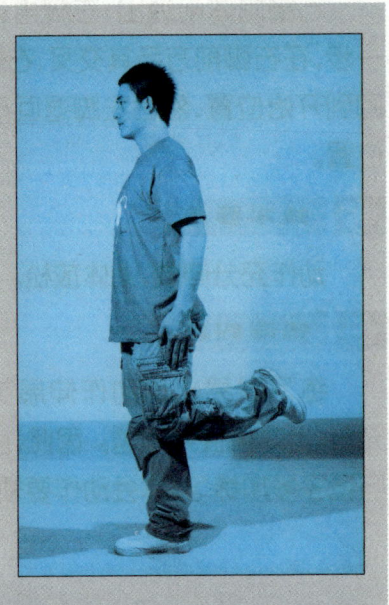

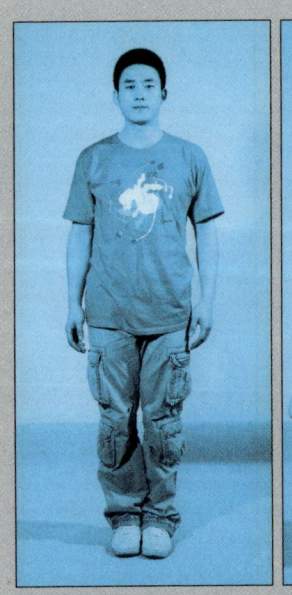 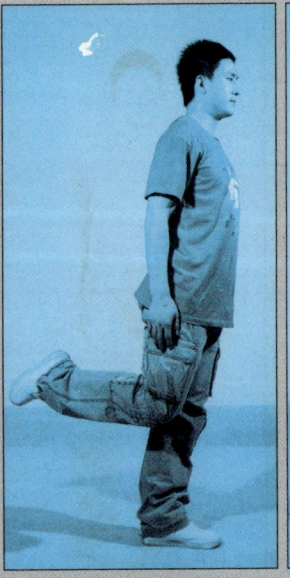 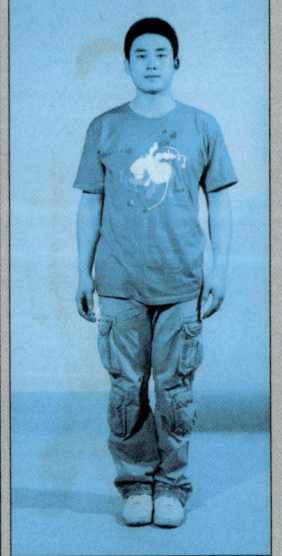

图3-3-9

内脚跟动作

见图 3-3-10

动作方法

（1）提起左脚脚跟，并向前推，左脚脚尖仍留在地上，接着左脚脚跟再返回开始位置。

（2）改变支撑腿，重复相同动作。

技术要点

两膝应放松。

错误纠正

练习时易出现脚尖没有留在地板上、两膝僵硬等问题。因此，应先慢速练习，熟练后再加快练习速度。

图 3-3-10

基本步法

内脚跟提起动作

动作方法 见图 3-3-11

（1）两脚开立，提起左脚，脚尖点地内转膝部，把脚跟向外抬起，然后返回开始位置。

（2）改变支撑腿，重复相同动作。

技术要点

两膝应放松。

错误纠正

练习时易出现膝关节不够放松等问题。因此，应做好准备活动，充分放松膝关节。

图 3-3-11

三点敲击动作

❋ **动作方法**　见图 3-3-12

（1）左脚前、后敲击地面（2拍），换右脚做，按左、右、左的顺序进行。

（2）两脚并拢结束动作，身体左侧呈一定角度。

（3）改变支撑腿，重复相同动作。

❋ **技术要点**

敲击腿两膝应伸直。

❋ **错误纠正**

练习时易出现点脚方向不准确等问题。因此，应先慢速练习，熟练后再加快练习速度。

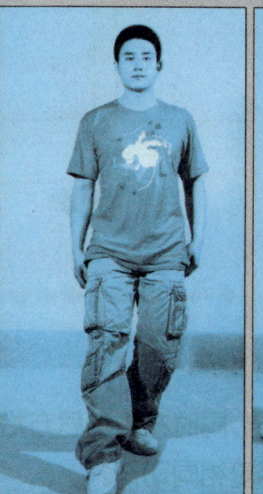

图 3-3-12

奔跑者

动作方法 见图3-3-13

(1)左膝抬起，向体前落下，同时向后伸展右腿，脚拇趾着地。

(2)改变支撑腿，重复相同动作。

技术要点

悬空腿要伸直。

错误纠正

练习时易出现身体重心不稳等问题。因此，应控制好身体的平衡。

图3-3-13

踢球动作

动作方法 见图3-3-14

(1)右脚向右侧迈出，同时左腿向后方抬起，向体前踢出。

(2)改变支撑腿，重复相同动作。

技术要点

迈右脚的同时抬起左腿。

错误纠正

练习时易出现踢右腿的同时没有勾脚等问题。因此，练习时应先做慢速练习，然后再加快练习速度。

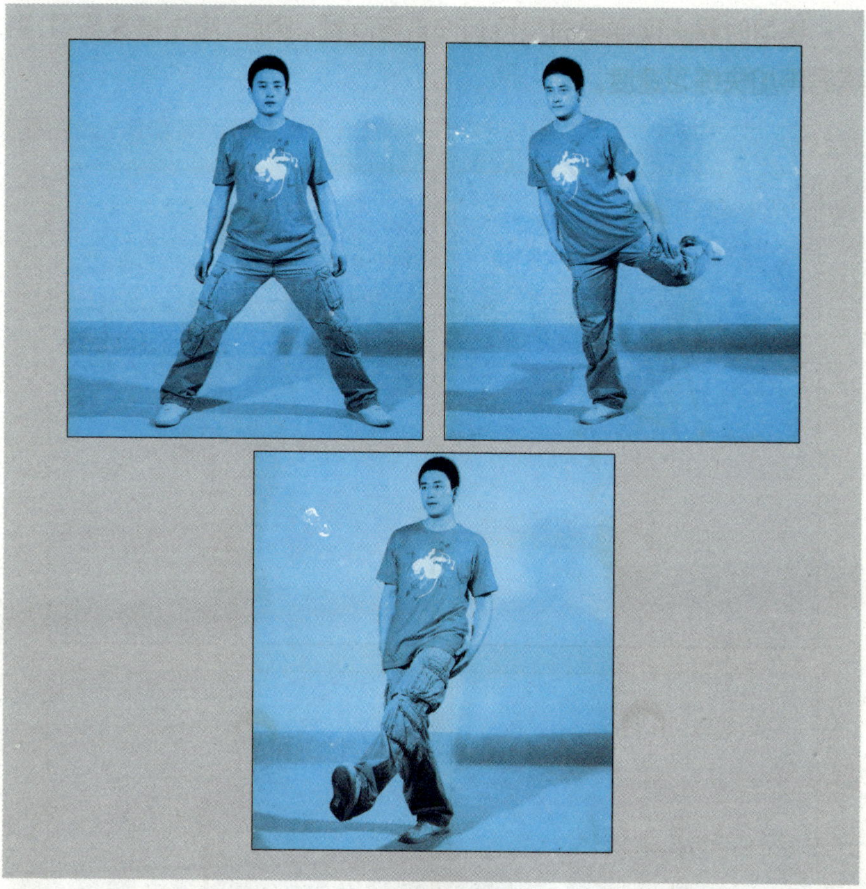

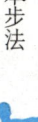

图 3-3-14

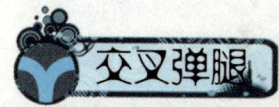

交叉弹腿

动作方法

见图 3-3-15

（1）左脚抬起向体前快速踢出，将左脚交叉放在右脚前方，再回到开始位置。

（2）改变支撑腿，重复相同动作。

技术要点

回弹落地腿，膝盖紧绷。

错误纠正

练习时易出现弹腿时腿没有伸直等问题。因此，应先慢速练习，熟练后再加快练习速度。

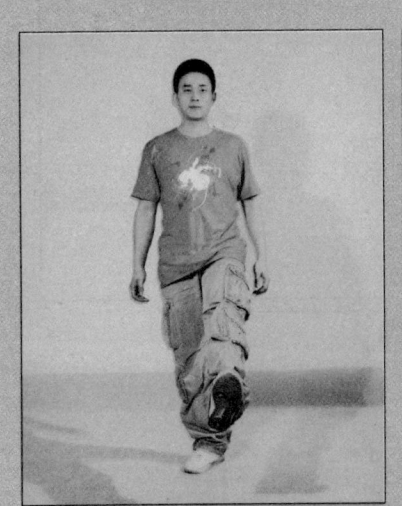
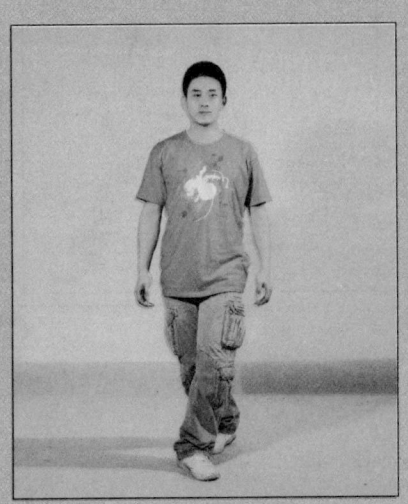

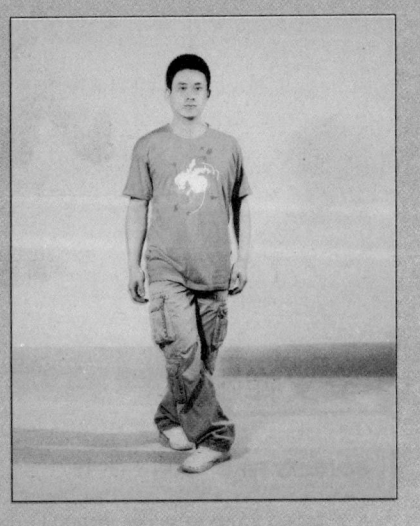

图 3—3—15

基本技术

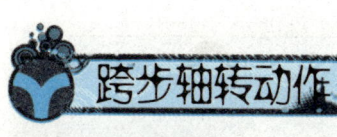

跨步轴转动作

动作方法　　见图 3-3-16

右脚向体前迈出,以右脚拇趾为支点向左侧转身,继续转,直至身体转回正面。

技术要点

身体重心随跨步转移。

错误纠正

练习时易出现完成转向动作时重心不稳等问题。因此,应先慢速练习,熟练后再加快练习速度。

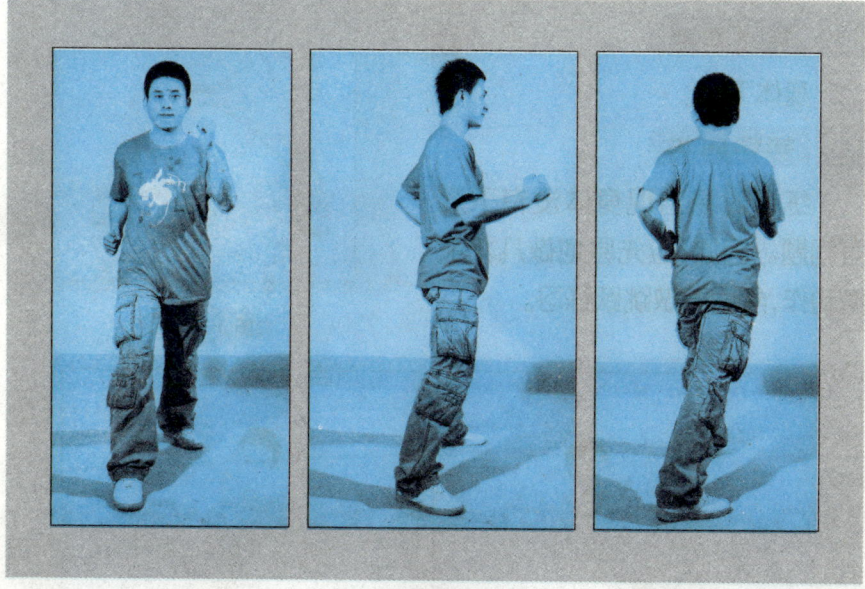

图 3-3-16

蝴蝶动作

动作方法　　见图 3-3-17

两脚开立,两脚跟提起,向外转动两膝和脚趾,两脚跟回到开始位置,接着两膝也回到开始位置。

技术要点

做动作时要保持身体的平衡。

错误纠正

练习时易出现两脚过于靠拢等问题。因此，应两脚开立慢速练习，熟练后再加快练习速度。

跳跃动作

动作方法　见图3-3-18

两腿并拢，锁住两膝，先向左跳，再向右跳。

技术要点

身体下沉。

错误纠正

练习时易出现身体没有下沉等问题。因此，应先原地做几次下蹲动作，然后再做跳跃练习。

图3-3-17

图3-3-18

转体跳跃

见图 3-3-19

动作方法

左脚向左侧迈出一步,身体向左侧跳转 360 度,落地。

技术要点

转动两肩。

错误纠正

练习时易出现转体的角度不够等问题。因此,应多加练习,体会动作要领。

基本步法

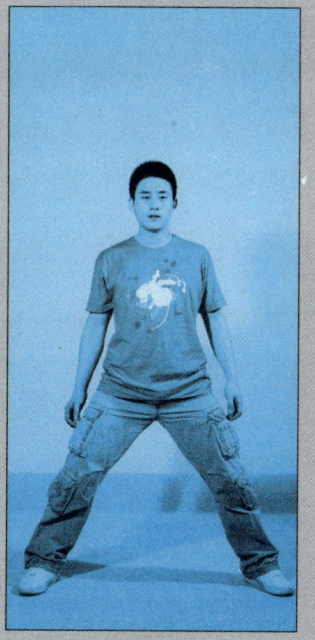

图 3-3-19

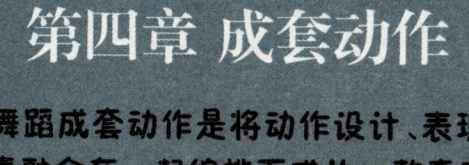

第四章 成套动作

　　有氧舞蹈成套动作是将动作设计、表现力、音乐配合等因素融合在一起编排而成的，整套动作舒展、优美、大方、有活力。下面介绍大众有氧舞蹈和表演性有氧舞蹈两套动作，供大家练习。

第一节
大众有氧舞蹈

　　大众有氧舞蹈的动作较为简单,练习也方便,既可以在健身馆里练习,也可以在家里练习。练习有氧舞蹈不但可以增强人们的心肺功能,还能够起到塑造体形、增强自信心和延缓衰老的作用。大众有氧舞蹈包括 HIP-HOP 风格、部落舞蹈和 House 风格等。

　　HIP-HOP 是带有自由舞和黑人舞风格的有氧舞蹈,动作放松,自由多变,音乐欢快,给人一种跃跃欲跳的感觉,所以这种有氧舞蹈很受年轻人的欢迎。它能够提高练习者的身体协调性,达到健身的目的。

动作方法 见图4-1-1

　　(1)第一个8拍:1～2拍,左脚向左侧一步,右脚迅速向左脚靠拢,两手向下伸直握在一起;3～4拍与1～2拍动作相同;5～6拍,右脚向右侧一步, 左脚迅速向右脚靠拢,两手向下伸直握在一起;7～8拍与5～6拍动作相同。

　　(2)第二个8拍:1～2拍,左脚向体前迈步,以右脚为轴身体向右转90度,两手胸前握拳,震胸两次;3～8拍与1～2拍动作相同。

　　(3)第三个8拍:1～2拍,左脚向左侧迈出一步,右脚迅速向左脚靠拢,外侧手呈"一"字手于头上向外震胸;3～4拍与1～2拍动作相同;5～6拍, 右脚向右侧迈出一步, 左脚迅速向右脚靠拢,外侧手呈"一"字手头上向外震胸;7～8拍与5～6拍动作相同。

　　(4)第四个8拍:1～2拍,左脚向体前迈步,以右脚为轴身体向右转90度,两手胸前握拳,震胸两次;3～8拍与1～2拍动作相同。

技术要点

整套动作身体要有前后晃动的感觉。

错误纠正

练习时易出现动作不到位等问题。因此，应对照镜子多加练习，体会动作要领。

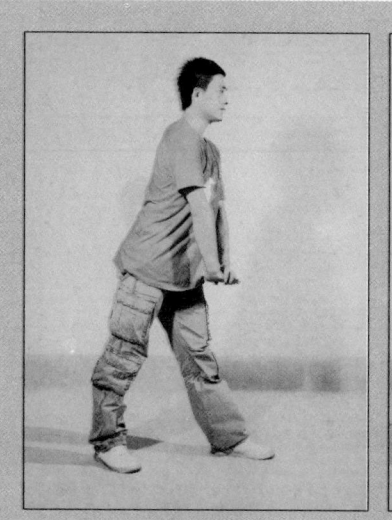

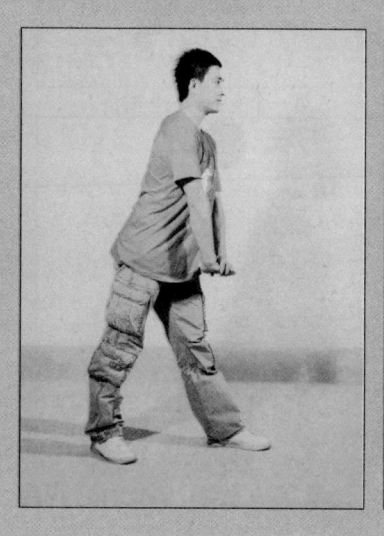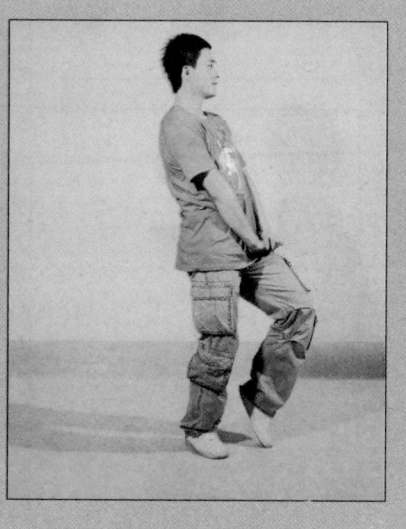

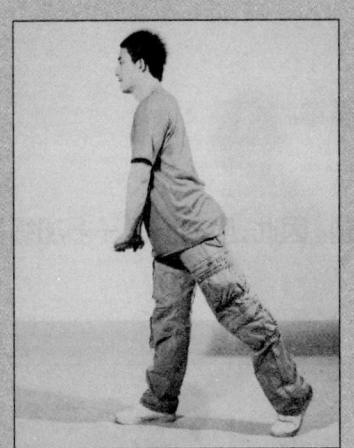

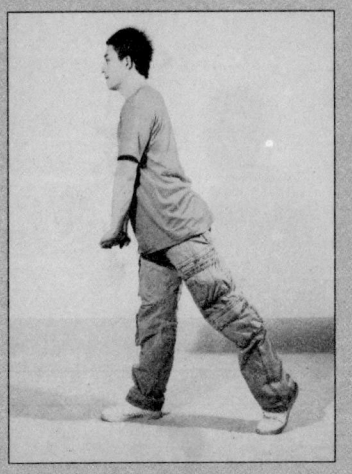

第一个8拍(1~8拍)

第二个8拍(1~8拍)

第三个8拍(3～4拍)

第四个 8 拍 (1～8 拍)

图 4—1—1

 部落舞蹈

部落舞蹈是一种源自非洲原始部落的舞蹈,舞蹈中糅合了耸肩、抖胸、摆臀等大幅度的动作,欢快狂野,风格自然,配合鼓声的全身律动,看似简单,却可以充分活动身体的各个部位,爆发力十足。

动作方法 见图 4—1—2

(1)第一个 8 拍:1～2 拍,左脚向左侧一步,两腿分开,身体向左倾斜 45 度,两臂侧平举,手呈立掌;3～4 拍,抬起左脚原地搓脚一次,两手体前相握举过头顶,同时震胸一次;5～8 拍与 1～4 拍动作相同,方向相反。

(2)第二个 8 拍:1～2 拍,左脚向左侧一步,右脚开始做踢键动作一次,左手由头上方向右脚下方做一次响指;3～4 拍,右脚向右侧一步,左脚开始做踢键动作一次,右手由头上方向左脚下方做一次响指;5～8 拍与 1～4 拍动作相同,两手做响指。

(3)第三个 8 拍:1～2 拍,左脚向右后方迈步呈右弓步,右手向下伸,手心向下,左手于体侧绕环,手掌立起;3～4 拍,向左两步,两手手掌立起,掌心与地面平行;5～6 拍与 1～2 拍动作相同,方向相反;7～8 拍,与 3～4 拍动作相同。

(4)第四个8拍:1～2拍,左脚向右后方迈步呈右弓步,右手向下伸,手心向下,左手于体侧绕环,手掌立起;3～4拍,左脚向体前上步,右脚跟上并脚,两手手掌立起,掌心与地面平行,两手指尖相对;5拍,左腿向体前跳,右腿向后伸,屈腿,左手上、右手下向后震胸,左手手心向上,右手手心向下;6拍,右腿踢球动作踢出,两手自然下垂;7～8拍,右腿于腹前绕环落地。

技术要点

整套动作要协调、顺畅。

错误纠正

　　练习时易出现动作不到位等问题。因此,应对照镜子多加练习,体会动作要领。

第一个 8 拍 (1～8 拍)

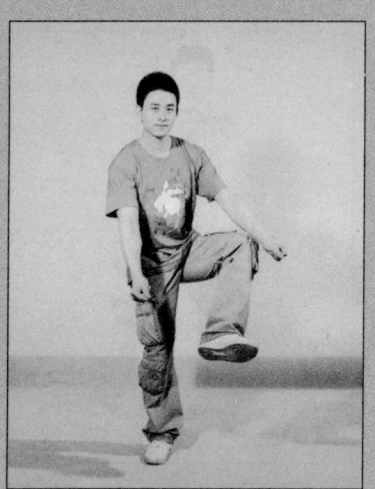
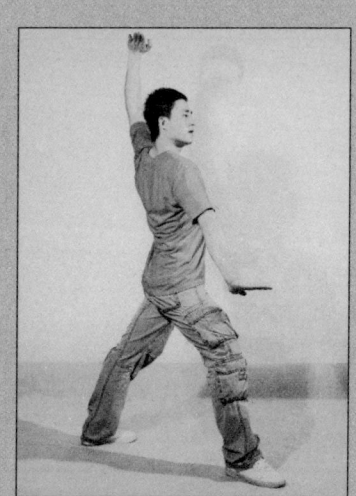

第二个 8 拍 (1～8 拍)

第三个 8 拍(1~8 拍)

第四个8拍(1~8拍)

图4-1-2

 House 风格 ◆◆◆◆◆◆◆◆◆◆

House 风格舞蹈是 New School 舞蹈的一部分，比跳 HIP-HOP 有更多的 Free Style，而且更强调脚步动作。

动作方法　见图4-1-3

（1）第一个8拍：1拍，左脚向左侧跳一步，左手由胸前滑向体侧；2拍，右脚向左脚后方交叉，右手向下响指；3~4拍，右脚收回，右手向体侧画个半圆，手心向上，手自然放松；5~6拍，脚下不动，两手向左前方做攀爬动作；7拍，下蹲，左手向体前下方响指，右手屈臂向头右侧响指；8拍，两脚交叉，右脚在前，脚跟着地，屈臂，两手在头两侧握拳。

（2）第二个8拍：1~4拍，先向左侧并步，同时右手直臂向右后方划手，再向右侧并步，同时左手直臂向左后方划手；5~8拍，向左、右移动身体重心四次,两臂沿重心移动的反方向向下画圆。

(3)第三个8拍:1~4拍,左脚开始向体前曼步,以两脚脚跟为轴向外转脚尖,两臂胸前平屈,自然摆臂;5~8拍与1~4拍动作相同。

(4)第四个8拍:1~2拍,向体前放松跑两步,自然摆臂;3~4拍,左腿在体前团身跳起,面向前方,身体向右侧,左手在后,右手屈臂置于头上方,左手侧平举,掌心向后,五指分开;5~6拍,左腿在前,两腿分开屈腿落地;7拍,由头部带领身体向体侧做一次侧钻动作,同时右手在体侧做手臂波浪一次;8拍,身体不动,两手胸前击掌一次。

(5)第五个8拍:1~4拍,从左腿开始向体侧曼步一次,一边做一边向后方移动,两臂在身体两侧自然摆动;5~8拍与1~4拍动作相同。

(6)第六个8拍:1~4拍,从左腿开始向体侧曼步一次,一边做一边向后方移动,两臂在身体两侧自然摆动;5~8拍与1~4拍动作相同,8拍,身体转向前。

(7)第七个8拍:1~4拍,从左腿开始向体侧做侧并步,一边做一边向前方移动,两臂自然垂与身体两侧;5~8拍与1~4拍动作相同。

(8)第八个8拍:1~4拍,从左腿

开始向体侧做侧并步，一边做一边向前方移动，两臂自然垂与身体两侧；5～8 拍与 1～4 拍动作相同。

❋ 技术要点

动作不要太用力，尽量做得柔和一些，有顺畅的感觉。

❋ 错误纠正

在练习时易出现动作僵硬等问题。因此，应注意控制力量，对照镜子多加练习，体会动作要领。

第一个 8 拍 (1～8 拍)

第二个 8 拍(1~8 拍)

第三个 8 拍(1～8 拍)

第四个8拍(1~8拍)

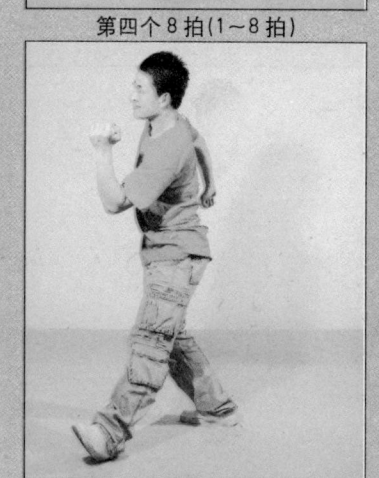

第五个8拍(1~8拍)

第六个 8 拍(1～8 拍)

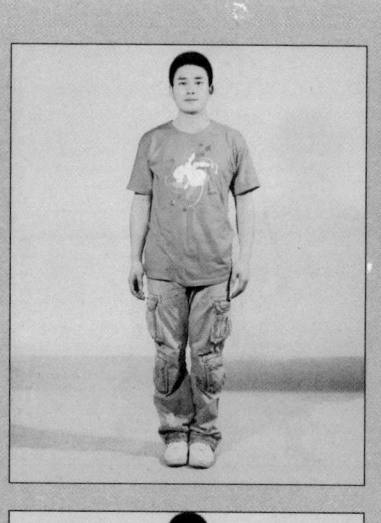

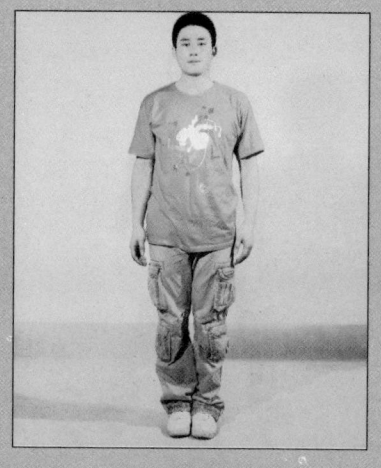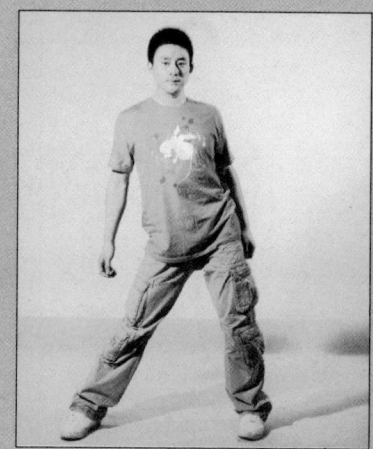

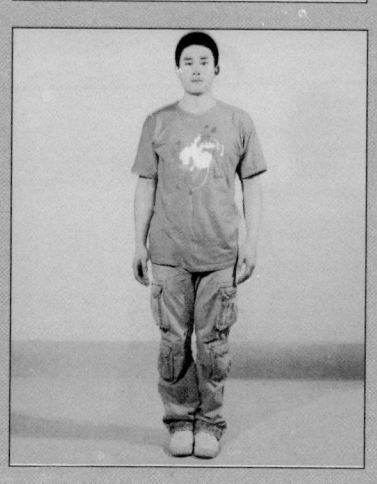

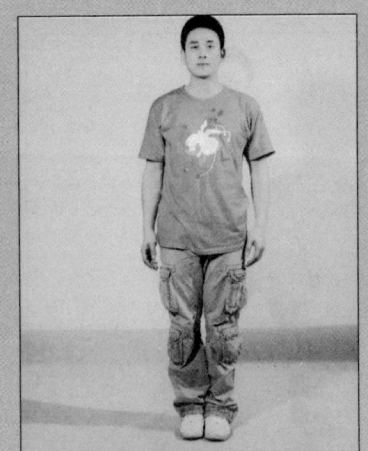 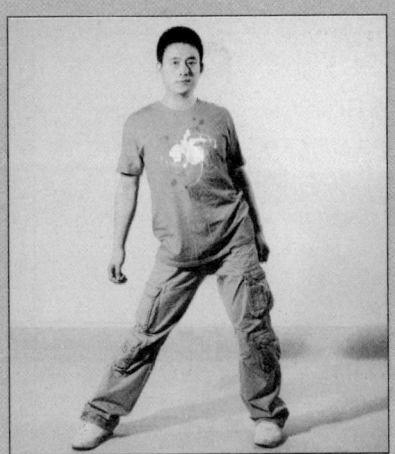

第七个 8 拍(1～8 拍)

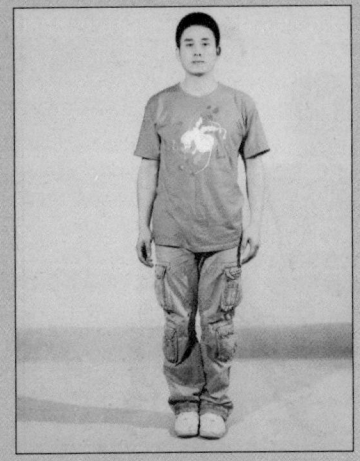 

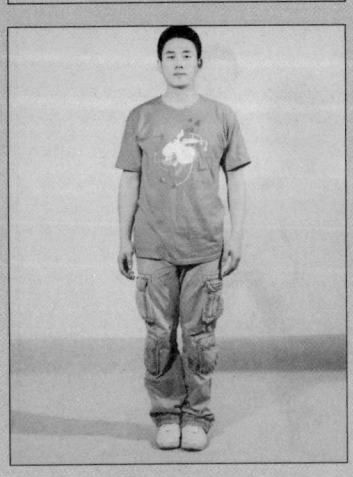 

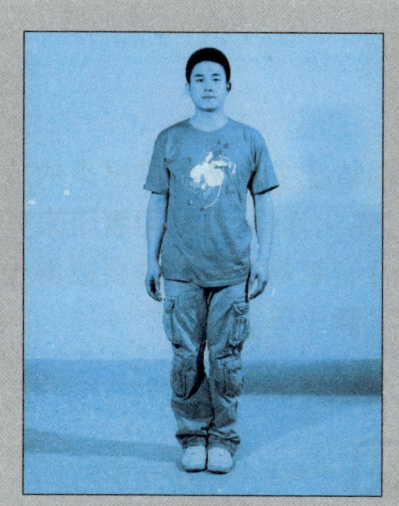

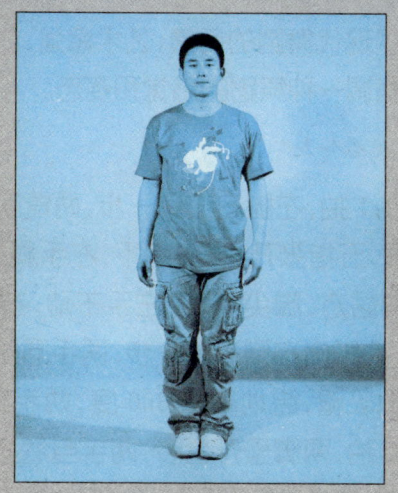

第八个 8 拍(1~8 拍)

图 4-1-3

第二节

表演性有氧舞蹈

表演性有氧舞蹈是为某种特定主题所编排出来的成套动作。它的动作较为复杂，变化性强，给练习者带来一定的挑战。本节介绍的表演性有氧舞蹈风格主要以爵士舞为主，包括经典爵士和 MTV 爵士等。

经典爵士(Classical Jazz)

经典爵士融合了现代舞蹈的元素，艺术感强，注重表现力，具有自由、随兴的特点，更强调一种舞蹈的感觉和姿态。

动作方法　见图 4-2-1

（1）第一个 8 拍：1 拍，左脚向左侧一步，两臂向两侧打开，右手前臂与上臂呈 90 度角，五指张开，指尖向下，左手斜下 30 度举，直臂；2 拍，右脚置于左脚斜后方，脚尖点地，左手不动，右手与左手相握，含胸，目视两手；3 拍，右脚向右侧迈出一步，两手同时向右侧推出；4～7 拍，两腿依次向两侧吸腿，原地转动 360 度，两手相握在头顶由右向左、由前向后绕环；8 拍，两脚呈开合步，两手自然扶在左髋上，目视左脚脚尖。

（2）第二个 8 拍：1～2 拍，两腿开立，两膝略屈，左手直臂，由下方至左侧停住，然后前臂绕环一圈，同时身体做一个由头至脚的 Water Wave（缓慢做波浪的动作并摇动身体，创造像水波般的效果），重心在右侧；3～4 拍，身体向左侧转动，左腿吸腿落下，两手呈开掌，向身体两侧打开（感觉像抱一个大球）；5～6 拍，面向正前方，两脚原地不动，重心向两侧左右移动两次，两手做跑步时的摆臂动作，身体自然摆动；7～8 拍，重心向右侧移动，同时左脚收回，左手五指并拢，由左至右做平行于地面的滑手动作，手臂与肩同高。

（3）第三个 8 拍：1～2 拍，右腿略屈，保持身体重心，左腿伸直做向前、向侧、向后的滑动，同时右手置于头顶上方，逆时针转动一圈回到体侧，左手自然放于体侧；3～4拍，左脚向左侧吸腿迈出一步，面向左侧，两臂同时由上向下摆动；5～6拍，右脚开始，两脚依次向右侧跑两步，两手跟随身体自然摆动；7～8拍，左脚跳起，右腿吸腿向胸部靠拢、落地，两手跟随身体自然摆动。

（4）第四个8拍：1～4拍，两脚不动，左手沿额状面绕环360度，同时身体身体跟随手臂绕环360度；5～6拍，两脚不动，右臂胸前平屈，向右侧伸出，身体重心由左向右移动，面向前方，头向右侧歪；7～8拍，左臂胸前平屈，右脚向左脚后方点脚，左臂由平屈向体侧弯曲，在左侧做一次响指。

✳ 技术要点

注意 Water Wave 的感觉，身体重心要跟着脚步动作左右移动，掌握好发力顺序。

✳ 错误纠正

练习时易出现动作僵硬不顺畅、重心移动错误、身体找不到感觉等问题。因此，应在练习前先做形体的手位训练和原地左右移重心练习，体会动作要领。

第一个 8 拍(1~8 拍)

第二个 8 拍 (1~8 拍)

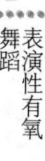

第三个 8 拍(1～8 拍)

成套动作

第四个 8 拍(1~8 拍)

图 4-2-1

MTV 爵士(MTV Jazz)

明星们劲爆的 MTV 原版舞蹈动作都是来自爵士舞,它的流行舞元素丰富,时尚、火辣,表现力和节奏性强,展示自我,非常具有个人风格。

✿ 动作方法　见图 4-2-2

(1)第一个 8 拍:1~2 拍,向左侧并步一次,两手由体侧向上滑动,左手在面前,右手在脑后停止;3~4 拍,向右侧并步一次,两手由上至下做滚拳动作, 然后左臂伸直向下, 右手手背扶于左臂肘关节后方;5~6 拍,右脚向右侧迈出点地,两手由下至上顺着身体抬起,掌心向外;7 拍,左脚向体前迈出一步,面向前方,右臂胸前平屈,左手在体侧做后摆动作;8 拍,左脚跳起,以右脚为轴,身体转动 360 度,两臂肩上立屈。

(2)第二个 8 拍:1~4 拍,两脚与髋同宽,向左侧摆髋两次,两手抬起至头顶,肘关节内扣,两腿并拢,锁住两膝先向左跳,再向右跳;5~8 拍,两脚依次做后点地跳四次,重心向前压低,摆臂两次,左手直臂伸出,食指向左上方指出,再向右下方指出。

(3)第三个 8 拍:1~2 拍,左脚向右前方迈步,右脚向右后点地,同时右脚做一次垫步,两手握拳,两臂肩上立屈,随身体自然摆动;3~7 拍与1~2 拍动作相同;8 拍,右弓步,右腿膝盖略屈,两脚间距大于髋宽,髋部向右前方 45 度摆动停住,身体向正前方,两手握拳,两臂肩上立屈。

(4)第四个 8 拍:1 拍,两脚发力,跳转 180 度呈两脚并立,两手握拳,两臂肩上立屈;2 拍,再跳转 180 度,呈两脚开立;3~4 拍,两脚开立不动,左手顺势直臂略屈,由右下方向左上方画圆,身体随手臂方向摆动;5~6 拍,右腿吸腿,以左脚为轴转动 90 度,右手上举,身体重心后移;7~8 拍,踏步回到原处,重心左、右移动,两手放松。

✿ 技术要点

重心随脚步移动而变换,注意整套动作的流畅性。

练习时易出现动作僵硬不顺畅,重心移动错误,平衡感、方向感差等问题。因此,应先进行形体的手位训练和原地做左右移重心燕式平衡练习,体会动作要领。

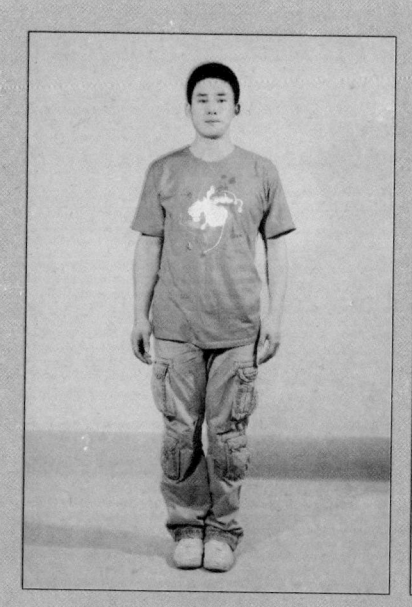

舞蹈 表演性有氧

第一个8拍(1~8拍)

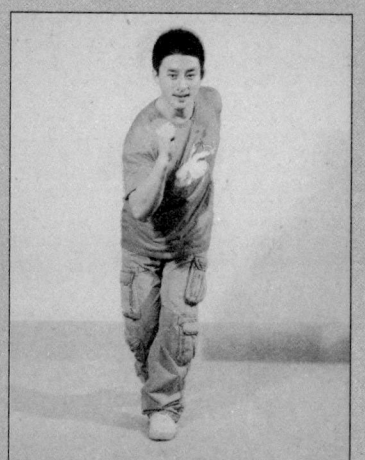

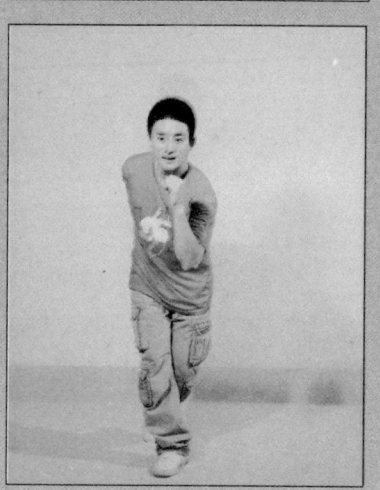

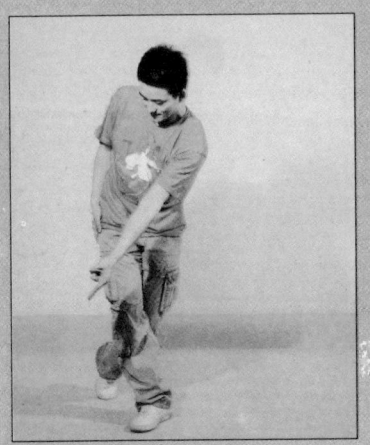
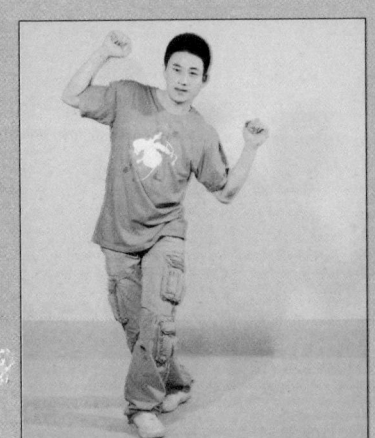

第二个 8 拍(1~8 拍)

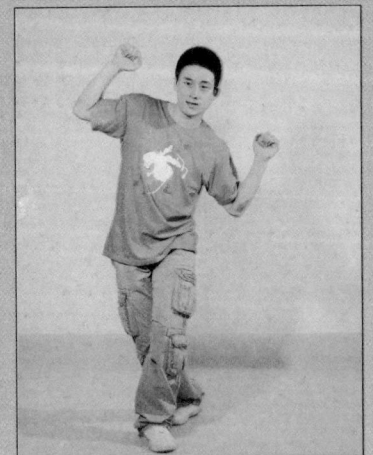

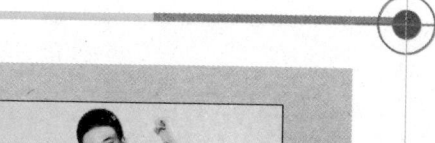

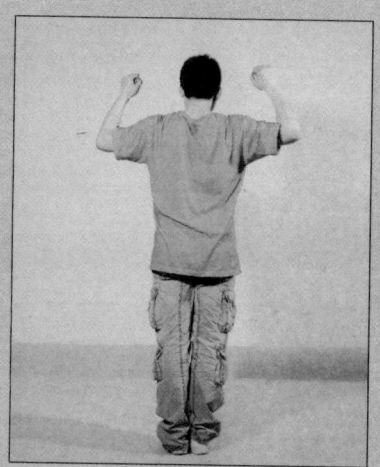

第三个8拍(1~8拍)

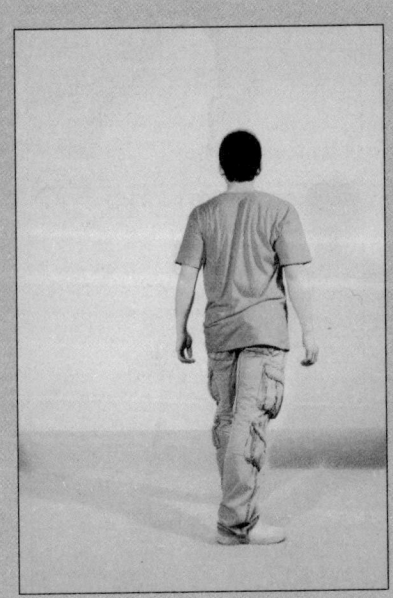

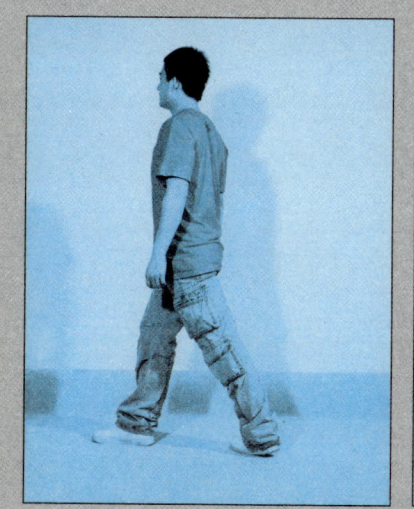

第四个 8 拍(1~8 拍)

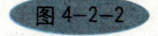
图 4-2-2

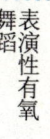